개도국 기후위기와 기후금융

개도국 기후위기와 기후금융

녹색경제를 위한
그린 파이낸싱과 탄소금융

곽재성·김효선·조정현·지예정 지음

경희대학교 출판문화원

차례

표 차례

들어가며

개도국에 대한 기후금융은 기후위기 극복의 첫걸음

21세기 들어 전 지구적인 기후변화는 단순히 환경적 문제가 아니라 경제, 사회 전반에 걸쳐 심각한 영향을 미치고 있습니다. 특히 개발도상국, 이른바 개도국은 기후변화의 직격탄을 맞고 있습니다. 이들은 자원의 한계로 인해 기후변화에 대응하기 어려운 상황에 놓여 있습니다. 이 책은 기후변화에 가장 취약한 개도국이 어떻게 기후변화에 대응하고 지속가능한 발전을 이룰 수 있을지를 고민하며, 그 해법으로써 다양한 기후금융 수단을 소개하고 그 중요성을 강조합니다. 나아가 이 책은 우리가 당면한 현실적인 목표인 배출권 확보를 기후금융을 통해 어떻게 구현할 수 있을지에 대한 방향성을 제시합니다. 이를 위해 파리협정 제6조 2항에서 제시된 탄소감축분의 국가 간 이전 메커니즘(일명 ITMO)의 구체적인 추진 방안과 실제 사례를 들었습니다. 또한 UNDP의 중재 메커니즘을 가나-스위스 배출권 이전 경험을 통해 제시하였습니다.

기후변화는 인류의 모든 지역에 영향을 미치지만, 그 피해의 정도는 지역별로 다르게 나타납니다. 고소득 국가들은 더욱 발전된 기술과 인프라로 기후변화에 대응할 수 있는 능력이 상대적으로 높습니다. 그러나 개도국의 경우, 취약한 인프라와 부족한 재정 자원으로 인해 기후변화의 충격에 매우 민감하게 반응합니다. 그 결과 폭염, 홍수, 가뭄, 열대성 태풍 등과 같은 자연재해가 빈번해지면서 개도국은 경제적·사회적 혼란을 겪고 있으며, 기후변화로 인한 피해 복구에 상당한 어려움을 겪고 있습니다.

특히 중남미, 아프리카, 동남아시아 등 기후변화에 취약한 지역들은 생태계 파괴와 농업 생산성 감소, 해수면 상승으로 인한 거주지 상실 등 다양한 위협에 직면해 있습니다. 이러한 위기 속에서 개도국은 지속가능한 경제성장을 이루고 빈곤을 극복하기 위해 노력하고 있지만, 기후변화의 여파로 이러한 목표는 점점 더 어려워지고 있습니다. 동시에 인구 폭발, 열악한 인프라와 낡은 설비 등으로 탄소 배출량이 오히려 늘고 있습니다. 이와 같은 상황에서 기후금융이야말로 개도국이 직면한 기후 문제를 해결하고, 그들의 경제적·사회적 발전을 뒷받침하는 핵심적인 수단이 될 수 있습니다.

기후금융이란 기후변화 대응을 위해 자금을 조달하고 관련 프로젝트에 투자하는 일련의 금융 활동을 의미합니다. 이는 탄소 배출을 줄여 기후변화의 영향을 감소시키기 위한 완화(mitigation) 프로젝트와 기후변화의 영향에 적응하기 위한 적응(adaptation) 프로젝트에 주로 투자됩니다. 구체적으로 재생 가능 에너지 개발, 기후 회복력 있는 인프라 구축, 지속가능한 농업 시스템 도입 등이 기후금융을 통해 지원되는 대표적인 분야입니다.

개도국의 경우, 기후변화 대응을 위한 자금 조달은 매우 어려운 과제입니다. 이미 빈곤 문제와 싸우고 있는 이들 국가에서 기후변화 대응을 위한 자금을 별도로 마련하기란 쉽지 않으며, 이로 인해 기후변화의 피해는 더욱 심각하게 나타납니다. 기후금융은 개도국이 기후변화에 효과적으로 대응할 수 있도록 국제사회와 민간 부문의 지원을 끌어내는 중요한 수단입니다. 이는 단순히 자금을 전달하는 것이 아니라, 장기적으로 지속가능한 사업을 추진하여 경제성장을 촉진하고, 기후변화로 인한 위기를 기회로 전환하는 기반을 마련하는 데 기여합니다.

지난 수십 년간 국제사회는 기후변화 문제에 대한 인식을 높이고, 이를 해결하기 위한 다양한 협력 기제를 마련해왔습니다. 2015년 파리협정은 그 대표적인 예로, 전 세계 국가들이 온실가스 배출량을 줄이고 지구 온도 상승을 제한하기 위해 공동의 목표를 설정했습니다. 파리협정하에서 선진국들은 매년 1,000억 달러의 기후금융을 개도국에 지원하기로 약속했으며, 이는 기후변화에 대응하는 데 필요한 중요한 자금원이 되고 있습니다.

그러나 이러한 약속이 실제로 이행되는 데는 여전히 많은 어려움이 존재합니다. 첫째, 기후금융 자금 조달의 규모가 충분하지 않다는 문제가 있습니다. 기후변화로 인한 피해와 대응 비용은 급격히 증가하는 반면, 기후금융에 대한 지원은 이에 미치지 못하는 경우가 많습니다. 둘째, 기후금융이 개도국에 전달되는 과정에서의 비효율성도 문제입니다. 자금이 투명하고 효율적으로 배분되지 못하면, 기후변화 대응 프로젝트가 제대로 실행되지 못하거나 그 효과가 떨어질 수 있습니다. 셋째, 기후금융의 사용처가 특정 국가나 특정 부문에만 집중되는 경향이 있어, 가장 필요한 곳에 적절한 지원이 이루어지지 않는 경우도 발생합니다.

이러한 어려움에도 불구하고, 기후금융이 실제로 개도국에서 긍정적인 변화를 가져온 사례들도 다수 존재합니다. 예를 들어, 중남미의 여러 국가는 기후금융을 통해 신재생에너지 프로젝트를 성공적으로 추진하여 청정에너지 기반 경제 발전과 기후변화 대응 목표를 동시에 이루고 있습니다. 또한 아프리카에서는 기후금융을 통해 농업 생산성을 높이고, 기후변화에 적응할 수 있는 지속가능한 농업 시스템을 구축하는 데 성과를 거둔 바 있습니다. 이러한 사례들은 기후금융이 올바르게 활용될 경우 개도국의 기후변화 대응 능력을 크게 향상시킬 수 있음을 보여줍니다.

그러나 이러한 성공 사례를 확산하려면 여전히 많은 과제가 남아 있습니다. 첫째, 기후금융의 접근성과 신속성을 강화해야 합니다. 개도국이 필요한 자금을 대규모로 신속하게 조달할 수 있도록 국제사회는 더 체계적인 재원 조달 시스템을 구축해야 합니다. 둘째, 민간 부문과의 협력을 확대할 필요가 있습니다. 기후변화 대응에는 막대한 자금이 필요하므로, 정부와 국제기구의 역할만으로는 한계가 있습니다. 민간 부문의 투자를 촉진하고, 기후 관련 프로젝트에 자금을 투입하도록 장려하는 정책적 노력이 병행되어야 합니다. 셋째, 지역 특성에 맞춘 기후금융 전략을 개발해야 합니다. 각 개도국이 직면한 기후 문제는 지역마다 다르므로, 기후금융의 접근 방식 또한 그것에 맞게 조정되어야 합니다.

기후변화는 인류가 직면한 가장 큰 도전 중 하나이며, 그 해결을 위해서는 글로벌 차원의 협력과 금융 지원이 필수적입니다. 이 책은 기후금융의 중요성을 논의하며, 개도국이 기후변화에 대응할 수 있는 구체적인 방안들을 제시합니다. 개도국의 기후변화 대응은 그들만의 문제가 아니라, 전 세계의 안녕과도 직결된 문제입니다. 기후금융을 통해 개도국이 기후변화의 위기를 극복하고, 지속가능한 미래를 향해 나아갈 수 있기를 희망합니다.

저자를 대표하여 곽 재 성

Part 1

기후변화와 국제사회

1. 기후변화의 정의

산업혁명 이후 인류는 지속적인 성장과 혁신을 통해 문명을 발전시켰으나, 그 이면에는 지구온난화와 극단적인 기후변화라는 전 지구적 위협이 함께 드러났다. 수십 년간 축적된 온실가스 배출로 환경은 불안정해졌고, 그로 인해 발생한 급격한 변화는 경제와 사회 전반에 걸쳐 막대한 영향을 미치고 있다. 폭염, 폭우, 가뭄, 홍수 같은 극한 기후 현상과 해수면 상승, 해양 산성화는 온실가스 증가의 결과로, 우리의 삶에 심각한 위협과 불안을 안겨주고 있다.

유엔 기후변화협약(United Nations Framework Convention on Climate Change, UNFCCC)은 기후변화를 두 가지 측면에서 설명한다. 첫째는 인간 활동으로 지구 대기의 구성이 변화하면서 발생하는 기후변화(climate change)다. 둘째는 인간 활동과 무관하게 자연적으로 발생하는 기후 변동(climate variability)이다. 이 내용은 유엔 기후변화협약 전문 제1조 2항에 명시되어 있다.[1]

기후변화에 관한 정부 간 협의체인 IPCC(Intergovernmental Panel on Climate Change)는 기후변화를 "장기간(일반적으로 수십 년 이상) 지속되는 기후 상태 평균값의 변화"로 정의한다. 이는 태양 활동 주기, 화산 분출, 대기와 토지의 지속적·인위적 변화 등 자연적 내부 과정(natural internal processes) 또는 외부의 힘(external forcings)으로 발생한다고 설명한다.[2] 이에 따르면, 기후

1) 유엔 기후변화협약 전문 내 제1조 2항.

변화는 인간 활동에 의한 인위적인 기상 변동이자 자연적인 기상 변동의 결과로, 상당 기간 관측된 현상이다.

결국, 기후변화는 특정 지역을 넘어서 전 세계적으로 발생하는 장기적인 기상 변화이며, 자연 생태계뿐 아니라 인류의 건강, 식량 안보, 주거 환경, 사회 및 경제 전반에 직·간접적으로 깊은 영향을 미치고 있다. 이는 단순한 과학적 개념이 아니라 현재 우리가 직면한 실제적인 위기이며, 우리의 일상과 미래를 위협하는 현실이다.

2) IPCC(2008). "Special Report: Global Warming of 1.5℃".

2. 기후변화 현황

2022년 12월, 이집트 샤름 엘 셰이크에서 열린 제27차 유엔 기후변화협약 당사국총회(COP27)에서, 안토니오 구테흐스 유엔 사무총장은 "우리는 기후변화와의 싸움에서 패배하고 있다"고 말했다. 그는 "우리는 기후 지옥으로 향하는 고속도로에서 여전히 가속 페달을 밟고 있다"고 경고하면서, 국제사회의 적극적인 대응을 촉구했다.

사실, 지구는 오랫동안 인류에게 기후위기에 대한 즉각적인 행동을 요구해왔다. 하지만 최근 전 세계에서 발생하는 예측 불가능한 극한 이상 기후는 이러한 경고를 더욱 심화시키고 있다. IPCC의 제4차 평가보고서(2007)에 따르면, 온실효과로 인해 지구 평균기온은 1906년부터 2005년까지 약 0.74℃ 상승했다. 이후 발표된 제5차 평가보고서(2014)에서는 1901년부터 2012년까지 약 0.89℃ 상승한 것으로 보고되었다. 최근 세계기상기구(WMO)가 발표한 "2022 세계기후현황보고서"에서는 2015년부터 2022년까지의 8년이 지구 역사상 가장 더운 시기였으며, 폭염과 홍수 같은 극한 기후 재난이 앞으로도 지속될 것으로 예상된다고 밝혔다. 코페르니쿠스 기후변화 서비스(Copernicus Climate Change Service)는 2023년 지구 평균기온이 산업화 이전보다 1.43℃ 높아졌으며, 역사상 가장 더운 해로 기록되었다고 보고했다.[3]

페테리 탈라스 WMO 사무총장은 "이러한 극한 기후변화는 인류의 건강,

3) 유엔 기후변화협약 전문 내 제1조 2항.

생태계, 경제, 농업, 에너지 등 일상생활의 모든 영역에 연쇄적인 영향을 미친다"며, 우리 사회가 이러한 '뉴노멀(New Normal)'에 적응할 수 있도록 노력해야 한다고 강조했다. 기후변화를 완전히 막는 것은 불가능하지만, 그 영향을 최소화하고 각 주체가 대응 능력을 키우는 것은 충분히 실현 가능한 접근법이다. 시대의 변화에 따라 사회에서 새로운 기준과 표준이 정착되는 현상을 '새 기준' 또는 '새 일상'이라고 부를 수 있다.[4]

4) 시대 변화에 따라 우리 사회에서 새로운 기준이나 표준이 보편화되는 현상을 이르며, 우리말로 '새 기준', 혹은 '새 일상'이라 일컫기도 한다.

3. 기후변화 시나리오

기후변화는 전 세계적으로 인류의 현재와 미래를 결정짓는 중요한 사안이다. 국제사회는 과거부터 지금까지 이를 극복하기 위한 방안을 모색해왔지만, 기후변화가 전 지구적 문제인 만큼 다양한 주체들의 이해관계가 얽혀 있어 여전히 실효성 있는 대응책을 마련하지 못하고 있는 실정이다.

기후변화 대응 전략을 효과적으로 수립하고 이를 실질적인 도구로 활용하기 위해서는 시나리오 설정과 분석이 필수적이다. 기후변화 시나리오는 온실가스 농도와 기후 모델 등을 활용해 인위적인 원인으로 발생한 기후변화를 전망하는 도구로, 이를 통해 잠재적 영향이 큰 결과를 예측할 수 있다. 시나리오 분석을 통해 각국과 다양한 이해관계자들은 현실적인 가정을 바탕으로 기후변화에 적절히 대응하는 방안을 마련할 수 있다. 기후변화 시나리오는 미래를 정확하게 예측하는 도구라기보다는, 불확실한 미래를 이해하고 이에 대비하는 데 중점을 둔다. 이러한 분석은 여러 주체와의 협력을 통해 지구의 미래를 설계하는 데 필수적인 역할을 한다. 대표적인 기후변화 시나리오로는 IPCC, 국제에너지기구(IEA), 녹색금융협의체(NGFS)에서 제시한 시나리오가 있다.[5]

5) 이신형. "ESG공시 의무화 앞두고 주목받는 기후변화 시나리오 분석." ESG경제(2023. 11. 9).

[표 1] 다양한 기후변화 시나리오 분석 모델별 특징

	IPCC	IEA	NGFS
목적	기후변화의 과학적 평가와 정책 지침 제공	에너지의 안정적 공급과 지속가능한 에너지 전환	녹색금융 시스템의 지속가능성 강화
분야	과학	에너지	금융
특징	과학적 근거 중심의 시나리오 제시	에너지 분야의 정책적 영향 분석과 트렌드 제시	기후 리스크 분석 및 가이드라인 제시
협의체	정부 간 협의체로서 과학자, 정부 대표 등 참여	정부 간 협의체로 IEA 회원국 간 정보 공유	주요국 중앙은행과 글로벌 금융회사 등 참여
범위	기후변화에 대한 포괄적인 평가	에너지 분야에 중점을 둔 평가	금융 시스템의 지속가능성 및 녹색금융에 초점
위험[6]	물리적 위험	전환 위험	물리적·전환 위험

IPCC가 2014년에 발간한 제5차 평가보고서에서는 '대표 농도 경로(Representative Concentration Pathways, RCP)'라는 새로운 시나리오를 도입했다. 이 시나리오는 인류 활동이 지구 대기에 미치는 복사량을 기준으로 온실가스 배출 경로를 설정하고 분석하는 방식이다. 기후변화 대응 정책의 이행 여부에 따라 온실가스 농도를 다르게 고려하며, '대표'는 동일한 복사강제력 아래에서도 여러 사회·경제 시나리오가 존재할 수 있음을 의미한다. 또한 '경로'는 온실가스 배출량이 시간에 따라 어떻게 변화하는지를 강조한다.

2021년에 발간된 제6차 평가보고서에서는 '공통 사회경제 경로(Shared Socioeconomic Pathways, SSP)'라는 새로운 기후변화 시나리오가 등장했다.

6) 물리적 위험(Physical Risk)은 기후변화로 인한 물리적 요소의 변화로 기업의 자산 또는 공급망 등에 미치는 부정적 영향을 의미한다. 태풍, 집중호우 등과 같이 짧은 시간 단기적 위험(Acute Risk)과 해수면 상승, 평균 기온 상승 등과 같이 장기적으로 영향을 미치는 만성적 위험(Chronic Risk)으로 구분된다. 전환 위험(Transition Risk)은 전 세계가 저탄소 경제로 전환하는 과정에서 발생하는 정책·사회·경제적 요소의 변화로 인해 발생하는 위험이다.

SSP는 제5차 평가보고서에서 반영된 온실가스 배출량뿐만 아니라, 미래의 사회경제적 변화에 따른 다양한 경로를 반영한다. 이 시나리오는 기후변화 완화와 기후변화에 적응하려는 노력의 정도에 따라 5개의 시나리오로 구분되며, 인구 통계, 경제 발전, 복지, 생태계 요소, 자원, 제도, 기술 발전, 사회적 요인, 정책 등을 고려하여 설정된다.

RCP와 SSP에 붙는 숫자(1~8.5)는 복사강제력(Radiative Forcing)을 나타내며, 숫자가 클수록 지구온난화에 미치는 영향이 더 크다는 의미이다. 이는 대기 중 온실가스 농도에 따른 지구의 에너지 불균형을 나타내는 지표로, 숫자가 높을수록 더 많은 온실가스가 배출되어 지구온난화가 심화된다는 뜻이다.

기후변화에 있어서 1℃의 상승은 기후위기의 심각성을 명확하게 보여주는 중요한 지표이다. 영국의 환경운동가 마크 라이너스(Mark Lynas)는

[표 2] RCP와 SSP 시나리오 비교

RCP 시나리오		SSP 시나리오	
2100년 지구의 복사강제력을 기준으로 한 온실가스 시나리오		RCP 시나리오에 인구 수, 에너지, 토지이용 등 사회 경제학적 요소까지 고려한 시나리오	
종류	의미	종류	의미
RCP2.6	지금부터 즉시 온실가스 감축 수행	SSP1-2.6	재생에너지 기술 발달로 화석연료 사용이 최소화되고 친환경적으로 지속가능한 경제성장을 가정
RCP4.5	온실가스 저감 정책이 상당히 실행됨	SSP2-4.5	기후변화 완화 및 사회경제 발전 정도가 중간 단계를 가정
RCP6.0	온실가스 저감 정책이 어느 정도 실현됨	SSP3-7.0	기후변화 완화 정책에 소극적이며 기술 개발이 늦어 기후변화에 취약한 사회구조를 가정
RCP8.5	현재 추세대로 온실가스 배출	SSP5-8.5	기술의 빠른 발전을 중심으로 화석연료 사용이 높고 도시 위주의 무분별한 개발 확대를 가정

출처: 기상청. "한반도 기후위기, 탄소중립 없이는 벗어날 수 없다!"(2021. 1. 18).

그의 저서 『최종 경고: 6℃의 멸종(Our Final Warning: Six Degrees of Climate Emergency)』에서 지구가 기후변화를 통해 인류에게 보내는 경고와 더불어 지구 평균기온이 상승할 때 발생하는 환경적 영향을 다루고 있다. 그는 이 책에서 지구온난화로 인해 지구 평균기온이 1℃씩 상승할 때마다 어떤 변화가 나타나는지를 구체적으로 설명하며, 각 온도 상승에 따라 생태계와 인류에게 미치는 위협을 강조하고 있다.

13년 전 마크 라이너스가 『6도의 악몽(Six Degrees)』에서 묘사한 1℃ 상승한 지구는 그 당시에는 가능할지도 모르는 미래로 여겨졌지만, 이제는 이미 현실이 되었다. 2015년 영국 기상청은 전 지구적인 지표면 평균온도가 처음으로 산업화 이전 수준보다 1℃ 상승했다고 발표했다. 우리는 이미 1℃ 더 뜨거운 세상에서 살아가고 있는 것이다.

[표 3] 마크 라이너스가 제시한 기후변화 시나리오

상승 폭	시나리오
1℃	지속되는 가뭄, 물 부족 인구 5천만 명, 10%의 육상생물 멸종위기, 기후변화로 30만 명 사망, 변덕스러운 홍수나 허리케인 등 전반적인 위험 감지
2℃	인류가 사용 가능한 물의 20~30%가 감소하고 해빙으로 해수면 7m 상승, 말라리아에 노출되는 인구 4천만~6천만 명, 15~40%의 북극 생물 멸종위기
3℃	기근으로 인해 100만~300만 명 사망: 세계 식량 위기, 아마존 열대우림의 붕괴, 해수면 5m 상승으로 해안 침수 피해 연 1억 7천만 명, 일부 지역의 기온은 51.1℃까지 치솟는 극심한 폭염 경험
4℃	인류가 사용 가능한 물의 30~50%가 감소하고, 해수면 30~40m 상승으로 해안 침수 피해 인구가 3억 명까지 증가
5℃	군소도서국과 뉴욕, 런던 등 지역의 침수 위험이 증가하고, 중국과 인도 영향권의 히말라야 빙하 소멸, 인간이 거주 가능한 공간이 1/10만 남음

[그림 1] 2100년까지의 지구 평균온도 상승 시나리오

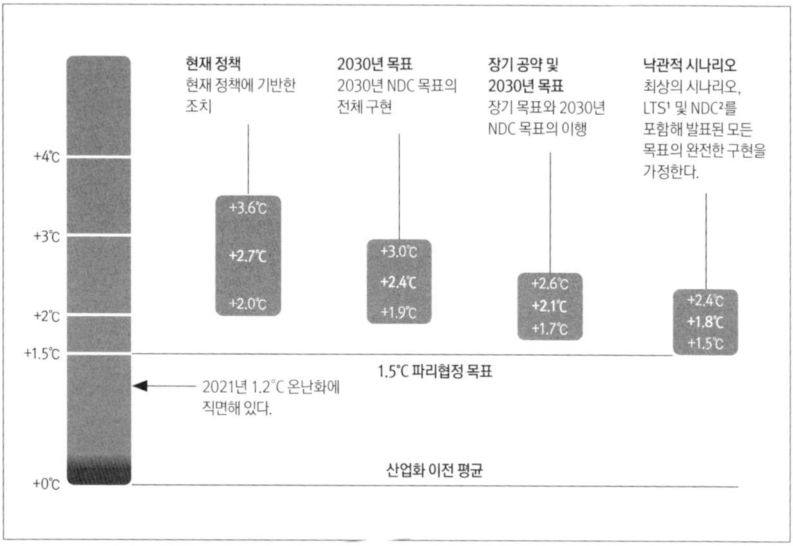

1) 상기전략 (Long Term Strategy)
2) 자발적 기여 (Nationally Determined Contribution)

4. 국제사회의 기후변화 대응 정책

산불, 폭염, 홍수, 가뭄 등 우리가 일상적으로 겪는 급격한 기후변화는 이제 '새로운 일상'으로 자리 잡았다. 기후변화는 예상보다 빠르게 심화되며 우리의 삶을 위협하는 심각한 위기로 변모했다. 지구는 본래 자연 회복력을 가지고 있으나, 산업화 이후 각국이 이익을 극대화하는 과정에서 과도하게 온실가스를 배출한 결과 '공유지의 비극(Tragedy of the Commons)'이 발생하여 그 회복력을 점차 상실하고 있다. 이로 인해 현대 인류는 파멸의 위기에 직면해 있는 상황이다.

[그림 2] 전 세계 국가(지역)별 연간 이산화탄소 배출량(1750~2019년)

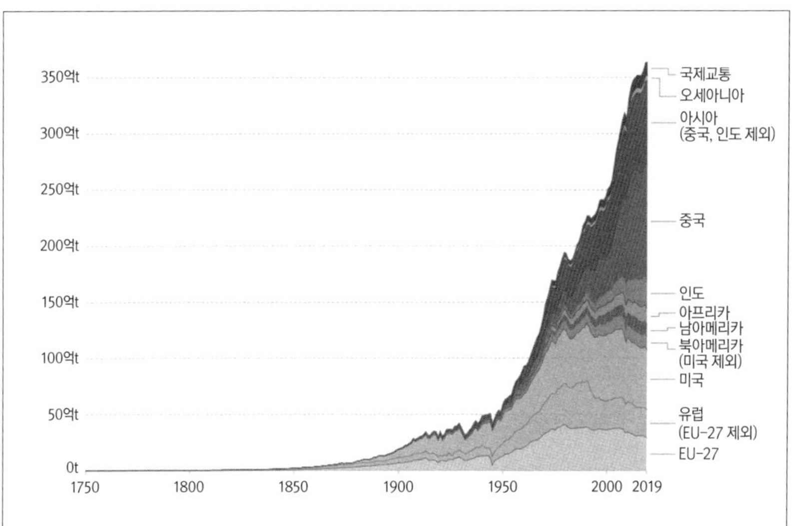

출처: 세계은행그룹(2022). "기후변화 행동계획".

기후변화는 장기적인 관점에서 접근하고 대처해야 하는 복잡한 문제이다. 특히 중요한 것은 국가 간의 상호 이해와 협력이다. 지구 환경이라는 공유 자원은 이를 둘러싼 갈등에서 딜레마가 시작되었으며, 기후변화로 인한 문제는 선진국과 개발도상국 간의 양극화로 인해 더욱 심화되었다. 이로 인해 발생하는 책임과 부담은, 주로 온실가스를 과도하게 배출한 선진국의 '감축 및 완화' 노력과, 상대적으로 기여는 적지만 더 큰 피해를 겪고 있는 개발도상국의 '적응' 노력으로 나뉜다. 이러한 문제를 해결하기 위해서는 공유자원에 대한 책임과 환경 보호 의무를 전 세계가 함께 고민해야 하며, 국가 간 협력과 공동의 노력이 반드시 필요하다.

인류는 현재 직면하고 있는 환경적 도전과 그에 대한 국제사회의 공통된 의지, 협력의 중요성을 점차 명확하게 인식하고 있다. 기후변화에 대응하기 위한 주요 전략으로는 생산 과정에서의 탄소 배출 감축과 신재생에너지로의 전환이 폭넓게 논의되고 있다. 특히, 국제사회의 기후변화 대응 노력으로는 1992년 리우 회의에서 채택된 유엔 기후변화협약(UNFCCC), 2015년의 파리협정, 2021년 글래스고 기후합의가 있다. 이러한 국제 협약을 통해 각국은 온실가스 감축과 탈탄소화를 위한 목표를 설정하고 있으며, '감축', '완화', '협력'을 중심으로 지속적인 협력과 합의가 이루어지고 있다.

선진국은 온실가스 배출의 주요 책임자로서 산업 구조의 변화, 기후금융, 친환경 기술 도입 등을 통해 탄소 배출을 줄이기 위한 노력을 적극적으로 해야 한다. 온실가스 감축은 필수적인 의무이며, 이는 기후변화 대응의 핵심 과제이다. 반면, 개발도상국은 이미 발생한 기후변화의 영향에 대응하고, 자원 부족과 식량 안보 같은 문제를 고려한 적응력을 강화해야 한다. 기후 이변에 대한 적응은 개발도상국에게 생계와 직결된 긴급한 과제로, 노후화된 설비에서 배출되는 온실가스에 대한 대응 또한 시급한 문제이다. 따라서 글로벌 공공재의 관점에서 기후변화 대응을 위한 협력 체계를 구축하는 것이 필요하다.

다행히도 인류는 과거 여러 위기를 통해 공동 대응의 경험을 쌓아왔다. 1970년대 오일쇼크, 2008년 글로벌 금융위기, 2020년 코로나19 팬데믹 등 세계 경제에 큰 영향을 미친 사건들을 통해 국제사회의 대응력은 더욱 강화되었다. 2008년 경제 불황 당시에는 기후변화 대응이 큰 관심을 받지 못했지만, 현재는 상황이 달라졌다. 코로나19 팬데믹은 환경 문제의 심각성을 일깨웠고, 이에 따라 경제적·사회적 문제뿐만 아니라 기후변화 대응에도 큰 관심이 집중되고 있다.

전 지구적인 기후변화 대응 정책은 다양한 요소를 포괄하는 종합적인 접근 방식을 추구한다. 첫째, 온실가스 배출 감축을 위한 에너지 전환이 핵심으로, 재생 가능 에너지의 확산과 탄소 배출이 적은 기술 도입이 중점적으로 이루어진다. 둘째, 기후변화에 대비하기 위한 인프라 구축을 통해 지속 가능성을 강화하고, 기후변화로 인한 피해를 줄이기 위한 방어 체계를 마련하는 것이 중요하다. 셋째, 국가 간 협정을 통해 각국이 협력하고, 기후금융 지원을 통해 재정적으로 어려운 국가들이 기후변화에 대응할 수 있도록 돕는다. 넷째, 기술 이전을 통해 선진국의 친환경 기술이 개발도상국으로 확산되며, 기후위기에 대한 국제적 대응력을 높인다. 마지막으로, 기후위기 관련 교육을 통해 대중의 인식을 개선하고, 기후변화의 심각성을 인식하게 함으로써 지속적인 대응이 가능하도록 한다. 이러한 요소들을 기반으로, 각국이 채택하고 있는 기후변화 대응 정책들을 분석함으로써 국제적인 기후변화 대응 전략이 어떻게 구체적으로 구현되고 있는지 살펴볼 수 있다.

4.1 유럽연합의 기후변화 정책

4.1.1 EU의 환경정책 'Fit for 55'

2021년 7월 14일, EU집행위원회(European Commission)는 2030년까지 탄소 배출량을 1990년 수준 대비 55% 감축하기 위한 입법안 패키지인 'Fit for 55'를 발표했다. 이 입법안 패키지는 유럽연합(EU)의 기후 목표 달성을 위해 탄소 가격 결정 관련 입법안 4개, 감축목표 설정 관련 입법안 4개, 규정 강화 관련 입법안 4개, 그리고 포용적 전환을 지원하기 위한 사회기후기금으로 구성되어 있다.

입법안은 세 가지 방향으로 정리할 수 있다. 첫째, 오염원에 대한 탄소가격과 세금을 부과하여 온실가스 배출을 억제하고, 둘째, 산업 전반에 걸친 온실가스 배출 기준과 규제를 강화한다. 셋째, 탄소 감축과 탄소중립 기술에 대한 투자를 촉진하여 탄소 배출을 줄이기 위한 기술적 지원을 확대한다는 것이다.

구체적으로는, 탄소 배출에 대한 세금 부과 및 거래제도 확장, 각 산업의 배출 목표 강화, 재생 가능 에너지 확대, 그리고 탄소중립 달성을 위한 새로운 기술 투자 지원 등이 포함된다. 이러한 정책은 EU가 2050년까지 탄소중립을 달성하기 위한 중간 목표로, 기후변화 대응에서 중요한 역할을 할 것으로 기대된다.[7]

7) 장영욱, 오태현(2021). "EU 탄소감축 입법안 패키지('Fit for 55')의 주요 내용과 시사점". 대외경제정책연구원.

1) 가격 결정

기존 유럽연합 배출권거래제(EU ETS)는 철강, 전기, 알루미늄, 화학, 시멘트, 역내 항공 등 온실가스를 다량 배출하는 산업들을 대상으로 운영되었으나, 이 입법안은 EU ETS 적용 대상을 확대하고 배출 기준을 강화할 계획이다. 이는 더 많은 산업이 탄소 배출 규제에 포함됨을 의미하며, 이를 통해 전체적인 탄소 배출량을 줄이려는 목표를 가지고 있다.

또한, 역내 단일시장을 보호하면서 동시에 녹색 전환을 촉진하기 위해 에너지 제품에 대한 조세제도 개정안을 제출하였다. 이는 에너지 소비와 관련된 탄소 배출을 더 강력하게 규제하고, 친환경 에너지로의 전환을 촉진하려는 의도로, EU의 기후 목표 달성에 중요한 역할을 할 것으로 보인다.

EU 역외국으로의 탄소누출(carbon leakage)[8]을 최소화하기 위해 탄소국경조정제도(Carbon Border Adjustment Mechanism, CBAM)를 도입한다.

[표 4] EU 'Fit for 55' 가격 결정 내용

항공 분야 배출권거래제 강화	· 항공 분야에 주어지던 온실가스 무상할당을 2026년 말까지 단계적 폐지 · 항공운송 온실가스 배출 감축을 위해 항공유에 대한 과세 도입
해상, 육상 운송 및 건축물 분야 배출권거래제 신설	· 해상 운송의 경우 2023년부터 2025년 사이에 EU ETS 적용을 확대할 계획이며, 육상 운송 및 건축 부문은 2026년부터 적용할 예정 · 개별 가구 또는 차량 사용자 대신 연료 생산자에게 탄소 배출 감축 의무를 부과
에너지 조세지침 개정	· 청정기술 사용을 장려하고 화석연료 사용에 혜택을 주는 세금 유예는 단계적 폐지 · 실제 에너지 함량에 따라 에너지 제품 세율이 결정되도록 함
탄소국경조정제도 (CBAM) 도입	· 온실가스 감축 노력이 미흡한 국가에서 수입되는 제품에 대해 EU ETS와 연계하여 비용을 부담시키는 방식 · EU와 유사한 수준의 탄소 가격 또는 규제를 보유한 국가에 대해서는 CBAM 적용을 면제

8) 한 국가에서의 기후정책으로 인한 비용 상승 때문에 기업들이 온실가스 관련 규제 또는 조치가 약한 국가로 생산 시설을 이전하는 것을 의미한다.

2) 목표 설정

EU는 배출권거래제(EU ETS) 적용 분야 외의 온실가스 배출 감축을 위해 각 회원국의 대응 방안을 규정한 노력분담규정(Effort Sharing Regulation, ESR)을 강화할 계획이다. 이를 통해 회원국별로 배출 감축목표를 설정하고 이행하게 된다. 또한, 천연 탄소흡수원(carbon sink) 확대를 위해 '토지이용·토지이용변화·삼림규정(Land Use, Land Use Change and Forestry Regulation, LULUCF)'을 개정할 예정이다. 이는 산림과 토지를 효과적으로 관리하여 대기 중 이산화탄소 흡수 능력을 높이는 방안을 포함한다. 2023년까지 재생에너지원 사용 비중 목표도 기존 32%에서 40%로 확대되며, 에너지 사용 절감 목표 또한 강화되어, 에너지 효율성을 높이고 온실가스 배출을 줄이는 정책이 추진된다.

[표 5] EU 'Fit for 55' 목표 설정 내용

노력분담 규정 개정	· ESR 적용 대상은 건물, 운송, 농업, 폐기물이며, 현재 온실가스 배출의 약 60%를 차지하나 ETS 적용 대상에 포함되지 않음 · ESR 적용 분야에서 온실가스 배출량을 2030년까지 2005년 수준 대비 40% 감축한다는 목표를 제시. 이는 기존 목표인 2005년 수준 대비 29% 감축보다 강화됨
토지이용, 토지이용 변화 및 삼림 규정 개정	· 2030년까지 LULUCF 부문에서 이산화탄소 배출량 3억 1천만 톤에 해당하는 순 온실가스 흡수 목표 제시 · 바이오에너지에 대한 지속가능성 기준 강화. 즉, 바이오매스가 지속가능한 양만큼만 생산되도록 수급에 제한
재생에너지 지침 개정	· EU의 재생에너지원 사용 비중이 증가 추세이나, 에너지 생산 부문은 EU 전체 온실가스 배출량의 75%를 차지하고 있어 목표 상향 필요
에너지 효율 지침 개정	· 2030년 에너지 사용량 절감 목표를 36~39%로 상향하고, 모든 회원국에 매년 1.5% 에너지 절감 의무 부여 · 정책 및 투자 결성 시 '에너지 효율 제일 원칙(Energy Efficiency First Principle)' 적용

3) 규정 강화

EU는 승용차 및 승합차 부문의 탄소 배출 규제를 강화하고, 2035년 이후 내연기관 자동차의 출시를 금지할 계획이다. 이를 통해 자동차 업계는 탄소제로 차량 개발과 상용화를 촉진하게 될 것이다. 이와 더불어, 자동차 업계의 탄소제로 차량 개발 및 상용화를 지원하기 위해 EU 전역에서 대체연료 인프라를 확대할 계획이다. 이를 통해 전기차나 수소차 같은 친환경 차량의 보급이 더욱 가속화될 것으로 기대된다. 또한, 항공 및 해운산업에서 청정연료 사용을 장려하기 위해 '항공운송 연료 기준(ReFuelEU Aviation Initiative)'과 '해상운송 연료 기준(FuelEU Maritime Initiative)'을 신설하여, 항공 및 해운 부문에서도 온실가스 배출을 줄이고 지속가능한 연료 사용을 촉진할 방침이다.

[표 6] EU 'Fit for 55' 규정 강화 내용

구분	내용
승용차 및 승합차 탄소 배출 규제 기준 강화	· 하이브리드차를 포함하여 내연기관을 사용하는 신차는 2035년 이후 출시할 수 없음
대체연료 인프라 규정 개정	· 기존 대체연료 지침(Directive 2014/94/EU)을 강화하여 대체하는 것으로, 탄소중립 차량을 위한 충전 수요를 충족할 수 있도록 관련 시설 확충
항공운송 연료 기준 마련	· EU발 모든 항공기에 지속가능한 연료(Sustainable Aviation Fuel)의 혼합사용을 의무화 · 기존 항공유에 바이오 연료와 같은 지속가능한 항공 연료를 혼합하는 것을 의무화하며, 혼합비율을 2030년 5%, 2035년 20%, 2040년 32%, 2050년 63%로 확대
해상운송 연료 기준 마련	· 유럽의 모든 항구에서 선박이 사용하는 에너지의 온실가스 총량을 규제함으로써 지속가능한 해운 연료 개발 및 제로 배출 기술 개발 장려

4) 지원 방안

EU는 경제와 사회 전반에서 친환경 전환이 이루어지는 과정에서 소외되는 노동자, 산업, 지역이 없도록 '사회기후기금(Social Climate Fund)'과 '현대화기금(Modernization Fund)' 등의 지원 대책을 마련하고 있다. 이러한 기금은 친환경 전환으로 인해 발생할 수 있는 경제적·사회적 불균형을 완화하고, 모든 이해관계자가 지속가능한 전환 과정에 참여할 수 있도록 돕기 위한 목적으로 설계되었다. 이를 통해 친환경 전환이 경제적으로 어려운 지역이나 산업에도 공정하게 적용되도록 지원할 계획이다.

EU는 탄소중립을 달성해 산업 구조의 근본적인 변화를 이끌어내기 위해 지속해서 노력하고 있다. 이번 입법안은 그러한 EU의 강력한 의지를 보여주는 중요한 수단 중 하나이다. 이 입법안은 경제 전반에 걸쳐 탄소 배출을 줄이고, 지속가능한 산업 구조로 전환하는 데 핵심적인 역할을 할 것으로 기대된다. 이를 통해 EU는 2050년까지 탄소중립 목표를 실현하기 위한 구체적인 계획을 이행하고 있다.

[표 7] EU 'Fit for 55'를 통한 지원 방안

공정한 전환 지원 (Just Transition)	· 사회기후기금을 신설하고 2025년에서 2032년 사이 약 722억 유로를 기금으로 편성 · 현대화 및 혁신 기금 확대를 통해 청정에너지 사용 지원 · EU 회원국 중 저소득국가의 친환경적 구조 전환을 보조 →ETS 무상 할당량을 저소득국가에 더 많이 제공하여 국가 수익 증대 도모

4.1.2 유럽연합 배출권거래제(EU ETS)

'Fit for 55'의 핵심 법안 중 하나로 여겨지는 유럽연합 배출권거래제(European Union Emission Trading System, EU ETS)는 교토의정서 제7조에 규정된 온실가스 감축 체제 중 하나이다. 이 제도는 할당된 범위 내에서 온실가스 배출이 가능하도록 하며, 사업장의 실제 배출량을 산정하여 여분 또는 부족분에 대한 배출권을 사업장 간에 거래할 수 있도록 허용한다.

EU ETS는 참가자들에게 온실가스 배출권을 할당하고, 그 권리를 시장에서 거래할 수 있는 메커니즘을 기반으로 한다. 이 제도는 기후변화 대응을 위한 중요한 정책 도구로, 경제적 비용을 최소화하면서 온실가스 배출을 감축하고, 기업들이 더 친환경적인 기술을 도입하도록 유도하는 것을 주요 목표로 하고 있다.

EU 회원국은 발전소와 산업 등에서 발생하는 온실가스 배출량에 대한 배출권을 정부로부터 할당받으며, 기업들은 필요에 따라 이 배출권을 거래할 수 있다. 또한 각 기업은 정해진 기간 동안 일정 수준의 배출 감축목표를

[표 8] 기후변화 대응에 있어서 EU ETS의 주요 특징

구분	주요 특징
온실가스 감축	· EU ETS는 주로 산업 분야에서 발생하는 온실가스를 감축하기 위해 만들어진 수요와 공급 기반 시장체계 · 기업들은 배출권을 보유하고 있으며, 그 양에 따라 배출량을 조절하거나 더 친환경적인 기술을 도입함으로써 온실가스 감축을 추구
경제적 동기 부여	· 배출량을 줄이는 기업은 남는 배출권을 팔아 수익을 얻을 수 있고, 높은 배출량을 가진 기업은 추가로 배출권을 구매해야 함
기술 혁신과 적응	· 배출권 거래 시스템은 높은 배출량을 가진 기업에게는 경제적 압박을 가하고 더 친환경적인 기술 도입을 장려하므로 새로운 기술의 개발과 도입을 촉진할 수 있음

달성해야 하며, 이 목표는 시간이 지남에 따라 점차 강화된다.

ETS가 적용되는 분야인 철강, 알루미늄, 전기, 화학, 시멘트, 항공 등의 탄소 배출량은 EU 전체 배출량의 약 41%를 차지한다. 이러한 분야에서의 감축은 유럽 그린딜(European Green Deal)의 기후중립 목표 달성에 필수적이다. 유럽 그린딜은 2050년까지 기후중립을 달성하기 위해 온실가스 감축뿐만 아니라 에너지, 산업, 건물, 교통, 식품, 생태계, 오염 등 사회 전 분야에 걸쳐 지속가능한 전환을 목표로 하는 정책 패키지이자 경제적 로드맵이다.

2023년 4월, EU 의회는 배출권거래제 개편 법안을 통과시켰다. 이에 따라 ETS 적용 분야의 2030년 감축목표가 2005년 대비 62%로 상향 조정되었다. 또한 ETS 적용 산업은 해상 운송 분야로 확대되었으며, 기업들에게 일정 수준까지 무상으로 할당되던 배출권은 2026년까지 단계적으로 폐지될 예정이다. 더불어, 2027년부터는 건물과 도로 운송 부문에 대한 새로운 배출권거래제도(EU-ETS II)가 신설될 예정이다.[9]

4.1.3 탄소국경조정제도(CBAM)

탄소국경조정제도(Carbon Border Adjustment Mechanism, CBAM)는 Fit for 55 입법안 패키지의 일환으로 도입된 제도로, EU가 탄소 배출을 줄이고 기후변화에 대응하기 위해 시행한 중요한 정책 중 하나다. CBAM은 유럽연합 내부에서 시행되는 탄소 배출 감축 정책을 강화하는 동시에, 외부에서 수입되는 상품에 대해 해당 상품의 생산 과정에서 발생한 탄소 배출량을 고려

9) 1926년 2.5%→1927년 5%→1928년 10%→1929년 22.5%→1930년 48.5%→1931년 61%→1932년 73.5%→1933년 86%→1934년 100%.

하여 관세를 부과하는 방식이다. 이는 EU ETS에 따른 탄소누출을 방지하기 위한 제도로, EU로 수입되는 상품의 생산 과정에서 발생한 탄소 배출량과 생산자가 지불한 탄소 배출 가격을 기준으로 비용을 부과한다.

CBAM은 EU의 탄소 감축 정책을 완벽하게 실현하는 데 필수적인 도구로 간주되며, EU가 탄소중립 목표를 달성하면서도 국제 무역 및 경제 균형을 유지하려는 노력의 일환이다.

CBAM은 2023년 5월 16일 발효되었으며, 2023년 10월 1일부터 2025년 12월까지 전환 기간이 시작되었다. 이에 따라 시멘트, 전기, 비료, 철강, 알루미늄, 수소 등 6개 제품군을 EU에 수출하는 기업은 생산 과정에서 발생하는 탄소 배출량을 산출하여 EU에 분기별로 보고해야 한다. 첫 보고 대상은 2023년 10월부터 12월까지의 배출량이며, 마감 시한은 2024년 1월 말이다. 보고 의무를 이행하지 않을 경우 톤당 10~50유로의 벌금이 부과되며, 불성실한 보고가 지속될 경우에는 과태료가 할증될 수 있다. 이후 2026년 1월부터는 CBAM 인증서 구매 및 제출 의무가 추가될 예정이다.

[표 9] 탄소국경조정제도의 주요 내용

구분	주요 내용
시행 목적	· 탄소누출 문제 해결 및 환경규제가 느슨한 EU 역외국 제품을 타깃으로 공정한 경쟁 환경 조성
대상 품목	· EU 역외산 시멘트, 전기, 비료, 철강, 알루미늄, 수소(총 6개 품목) - 탄소누출 위험이 크고 직접배출량 계산이 비교적 용이한 품목을 우선 시행
적용 국가	· EU로 위 대상 품목을 수출하는 역외국 - 4개국(아이슬란드, 리히텐슈타인, 노르웨이, 스위스) 및 외부 영토(세우타 등) 예외
과세 대상	· 생산시설 내에서 발생한 직접배출량 - 열이나 전기 생산, 소비에 따른 간접배출량은 전환기간 (2023. 10. 1~2025. 12. 31) 동안 보고 의무
운영 형태	· 수입업자(신고자)가 수입품에 내재된 배출량 1톤당 CBAM 인증서 1개를 구매하여 제출하는 것을 의무화 - EU ETS 배출권 가격(종가의 주당 평균 가격 적용)과 CBAM 인증서 가격 연동
주요 절차	· 허가받은 수입업자가 CBAM 인증서를 연단위로 신고 및 제출
추진 일정	· 전환기간(2023. 10. 1~2025. 12. 31) : 온실가스 직·간접 탄소 배출량 분기별 보고서 제출 · 확정기간(2026. 1~) : CBAM 인증서 구매 및 제출을 본격적으로 추진

출처: European Commission. "Carbon Border Adjustment Mechanism".

CBAM 적용 품목 중 특히 철강업계는 역외국으로부터의 수입 규모가 가장 크기 때문에 큰 부담이 발생하고 있다. 한국무역협회에 따르면, 한국의 경우 CBAM 대상 품목 중 철강이 차지하는 비중이 약 89.3%(약 45억 달러)로 가장 높아, CBAM의 직접적인 영향권에 속해 있다. 국내 철강산업은 2021년 기준으로 약 43억 달러(한화 약 5조 6천억 원) 규모에 달하며, 한국은 튀르키예, 러시아, 인도, 우크라이나에 이어 5위 수준의 철강 수출국으로 기록되었다.

이에 대응해, 2023년 2월 16일 산업통상자원부는 국내 철강산업의 수출 타격을 완화하고 CBAM에 대응하기 위해 '저탄소 철강생산 전환을 위한 철강산업 발전전략'을 발표했다. 이를 통해 정부와 기업 간 협력을 강화하기 위해 1,500억 원의 펀드 조성에도 합의했다. 이 전략은 철강산업의 탄소 배출을 줄이고, 저탄소 철강 생산으로의 전환을 촉진하기 위한 것이다.

한편, 2022년 6월 미국 상원에서도 CBAM과 유사한 '청정경쟁법(Clean Competition Act, CCA)'이 발의되면서, 전 세계적으로 탄소 배출 관련 규제가 논의되고 있다. 다음 장에서 미국의 기후변화 정책을 더욱 자세히 살펴볼 것이다.

4.2 미국의 기후변화 정책

4.2.1 인플레이션 감축법(IRA)[10]

2022년 8월 16일, 미국 역사상 가장 중요한 기후변화 조치로 평가받는 인플레이션 감축법(Inflation Reduction Act, IRA)이 발효되었다. 이 법안은 조세, 청정에너지, 보건 분야 등을 포함한 8개 편, 16개 장으로 구성되어 있다. 처방약 가격 인하, 의료 비용 절감, 청정에너지 전환 등을 통해 가계 지출을 축소하고 고임금 일자리를 창출하는 데 중점을 둔다. 특히 청정에너지에 대한 접근성을 높이고, 오염으로 인해 과도한 부담을 떠안은 소외된 지역사회를 지원하는 보조금 프로그램을 신설하여 환경 정의를 실현하고자 한다. 또한, 기업들이 청정에너지 기술 개발 및 배포에 투자할 수 있도록 다양한 인센티

10) 국회예산정책처(2023). "EU와 미국의 '탄소무역장벽' 주요 내용과 영향" 내용 발췌.

브를 제공하여 혁신을 장려하고 있다. 바이든 대통령은 법안 서명식에서 이 법을 "우리 역사상 가장 중대한 법 중 하나"로 평가하며, "기후 분야에서 가장 큰 진전"이라고 언급했다.

인플레이션 감축법은 인플레이션 감소와 재원 마련을 위해 15% 최저 법인세 도입, 자사주 매입세 부과, 그리고 국세청의 세금 징수 강화를 통해 세수를 확보한다. 이를 통해 향후 10년간 총 7,370억 달러(약 968조 원)의 수입을 창출하고, 그중 4,370억 달러(약 574조 원)를 기후변화 대응과 에너지 안보, 의료보험 강화 등에 투자할 계획이다. 이를 통해 3,000억 달러(약 395조 원) 이상의 재정적자를 감축할 것으로 기대된다. 특히, 에너지 안보 및 기후변화 대응에 3,690억 달러(약 485조 원)를 투자함으로써, 미국의 에너지 공급망 안정화와 재생에너지 개발 촉진, 소비자의 에너지 비용 절감, 온실가스 배출 저감을 목표로 하고 있다.

이 법안은 미국의 에너지 안보 강화와 녹색전환을 적극적으로 추진하는 산업정책으로, 미국이 기후변화 대응과 재생에너지 활성화를 위한 역사적인 투자 정책을 펼치고 있음을 보여준다.

[표 10] 에너지 및 기후변화 목표와 프로그램

항목	목표 및 프로그램
1	**· 에너지 비용 절감 노력(Lower Consumer Energy Costs)** - 저소득 계층을 위한 에너지 고효율 제품 지원(90억 달러) - 주택 에너지 효율 보조금 프로그램(10억 달러) - 가정 내 청정에너지 가동 및 설치 세금 공제 등
2	**· 에너지 안보 강화(American Energy Security and Domestic Manufacturing)** - 태양광 패널, 풍력 터빈, 배터리 및 중요 광물 미국 제조 생산세 공제(300억 달러) - 열펌프 및 중요 광물 처리를 위한 국방물자생산법(DPA)(5억 달러) - 혁신 에너지 연구 가속화를 위한 National Labs 지원(20억 달러) 등
3	**· 경제 전반에 걸친 탈탄소화(Decarbonize the Economy)** - 청정에너지 저장 세금 공제, 주정부의 전기 유틸리티 보조금 및 대출(300억 달러) - 철강 공장, 시멘트 공장 등 제조 공정 첨단화 및 탈탄소 지원 보조금, 세금 공제(60억 달러) - 소외된 지역을 포함한 청정에너지 기술 배포 지원(270억 달러)
4	**· 지역사회와 환경 정의에 대한 투자(Invest in Communities and Environmental Justice)** - 환경 및 기후 정의(Environmental and Climate Justice) 지원금(30억 달러) - 소외된 지역사회, 이웃 접근성 및 형평성 개선 보조금(30억 달러)
5	**· 농촌과 산림, 지역사회의 회복력 있는 기후대응 지원 (Farmers, Forestland Owners and Resilient Rural Communities)** - 기후 스마트 농업 지원(200억 달러) - 화재 방지를 위한 산림, 산림 보존 및 나무 심기 지원 교부금(50억 달러) - 해안 서식지 보존 및 복원, 보호 보조금(26억 달러)

출처: 미국 민주당 상원(Senate Democrats). “Summary of the Energy Security and Climate Change Investments in the Inflation Reduction Act of 2022”.

4.2.2 청정경쟁법(CCA)[11]

2022년 6월, 미국 상원의원은 탄소국경조정제도(CBAM) 도입을 위한 청정경쟁법(Clean Competition Act, CCA)을 발의했다. CCA는 화석연료, 알루미늄, 철강, 시멘트 등 12개 수입 원자재에 대해 탄소세를 부과하며, 1톤당 55달러의 탄소세를 적용하는 것이 핵심이다. 이 법안은 향후 수입 완제품까지 탄소세 적용을 확대하는 것을 목표로 한다. 다만, 최빈국에서 수입되는 일부 품목은 탄소세 부과에서 면제되며, 수입국의 정책 및 활동 수준에 따라 면제 여부를 결정하는 등 제도 시행에 있어 EU의 CBAM보다 상대적으로 유연한 방식으로 운영된다.

CCA는 2024년부터 시행될 예정으로, 탄소가격제도가 없는 미국에서 자국 내 해당 산업의 평균보다 탄소 배출량이 높은 수입품과 자국 내 제품에 대해 탄소 비용을 부과하는 방식이다. 이를 통해 배출 집약도가 상대적으로 낮은 미국 기업에 경쟁 우위를 제공하는 것을 목표로 한다. CBAM이 탄소 배출권 가격을 기준으로 한다면, CCA는 온실가스 배출량의 무게를 기준으로 해 차이가 있지만, 두 제도의 공통적인 목표는 탄소 배출량이 많은 국가들에 불이익을 주는 것이다.

11) 김윤희(2023). "EU와 미국의 탄소무역장벽의 주요 내용과 영향" 일부 발췌 및 수정.

[표 11] 청정경쟁법 발의안 주요 내용

구분	세부 내용
탄소 가격	· 톤당 55달러(매년 물가인상률을 고려하여 실질 5% 인상)
적용 분야	· 화석연료, 석유정제, 석유화학, 비료, 수소, 시멘트, 철강, 알루미늄, 유리, 펄프, 종이 등
적용 기준	· 탄소 배출량이 많은 제품을 제조하는 국가 대상(최빈국 면제)으로 탄소 무게 기준
적용 방법	· [(미국 산업 평균 배출 집약도) – (원산지 국가의 배출 집약도)] × 톤당 가격
비용 부과 방식	· 수입업체가 원산지 국가의 배출 집약도와 미국 산업 평균 배출 집약도 차이에 해당하는 톤당 배출량에 대한 비용 지불 – 신뢰할 만한 데이터가 없는 경우 : 원산지 국가 경제의 배출 집약도 수준과 미국 경제 배출량 집약도 수준 비율 – 신뢰할 만한 데이터가 있는 경우 : 원산지 국가 산업 평균 배출 집약도 대 미국 해당 산업 배출 집약도 비율
도입 시기	· 2024년부터 적용 대상 제품에 대해 단계적으로 도입 · 2026년부터 적용 범위가 확대되어 에너지 집약 1차 제품을 최소 500파운드(226kg) 이상 포함하는 수입 완제품까지 확대 · 2028년에는 최소 원자재량 기준을 100파운드(45.4kg)로 하향 조정
수익 활용	· 75%는 영향을 받는 산업의 탈탄소화 투자 자금 지원 · 나머지 25%는 최빈국의 탈탄소화에 대한 투자 자금 조달

4.3 인도의 기후변화 정책[12]

인도의 연간 탄소 배출량은 2020년 기준 26억 1,600만 톤으로, 중국과 미국에 이어 세계 3위에 해당한다. 최근 탄소 배출량이 급증하는 가운데, 인도는 2030년까지 국내총생산(GDP) 대비 온실가스 배출량을 2005년 수준의 45%까지 줄이고, 2070년까지 탄소 순 배출량 제로(Zero)를 달성하겠다는 탄소중립 목표를 설정했다. 이 목표는 세계 주요국들이 합의한 2050년보다 20년 늦은 시점이지만, 인도는 청정연료 사용을 장려하고 탄소 크레딧 시장을 활성화하기 위해 '국가 수소 미션(National Hydrogen Mission)'이라는 이름의 에너지 보전 법안(Energy Conservation Act)을 개정하는 등, 탄소 감축과 재생에너지 사용에 관한 더욱 엄격한 규정을 반영하고 있다. 이러한 정책들은 2070년 탄소중립 목표 실현을 가속화하려는 인도의 다양한 노력으로 평가받고 있다.[13]

인도는 2015년 파리협정에 서명한 191개 국가 중 하나로, 2022년 8월에는 파리협정에 따라 국가 온실가스 감축목표(Nationally Determined Contribution, NDC)를 개정해 2030년까지 배출량을 2005년 대비 45% 줄이고, 비화석연료 기반 에너지원을 50%로 늘리겠다고 발표했다. 인도는 부문별 감축 의무나 특정 행동을 강제하지 않고, 경제 및 사회 전반에서 전체 배출 강도를 줄이는 것을 목표로 한다고 선언했다.

또한 2021년 COP26에서 인도 정부는 2070년까지 탄소중립을 달성하겠다는 계획을 발표했다. 이는 인도가 공식적으로 탄소중립 목표 시점을 밝힌

---

12) 주뭄바이 총영사관(2022). "뭄바이 기후행동계획(Mumbai Climate Action Plan) 분석 보고서" 발췌.

13) KOTRA 해외시장뉴스 - 2022 인도 온실가스 감축사업 지원 웨비나 개최(2022. 6. 10).

것으로 중요한 의미가 있다. 인도는 유엔 기후변화협약(UNFCCC)에 NDC 개정안을 제출하면서 기후금융의 중요성도 함께 강조했다.

4.3.1 기후변화 국가행동계획(NAPCC)

이러한 맥락에서, 2008년에 도입된 '기후변화 국가행동계획(National Action Plan on Climate Change, NAPCC)'은 인도의 기후변화 정책의 핵심으로 평가받고 있다. NAPCC는 여러 분야에서 명확한 목표와 실행 계획을 통해 인도의 지속가능한 발전과 기후변화 대응을 동시에 추진하는 것을 목표로 한다. 이 계획은 온실가스 배출량 감축, 기후변화 적응, 환경보존뿐만 아니라 지속가능한 개발 방법 및 실행방안을 명시하고 있다.

특히, NAPCC는 태양 에너지, 풍력 에너지, 에너지 효율성 향상, 농업, 물 관리, 연구 및 개발 분야에 중점을 두어 인도의 에너지 소비를 지속가능한 수준으로 유지하고 탄소 배출을 줄이는 데 기여하고자 한다. 이를 통해 인도는 기후변화에 대응하고, 지속가능한 경제 성장을 위한 노력을 보여주고 있다.

이 계획을 통해 [표 12]에서는 다음과 같이 여덟 가지의 국가 과제(National Missions)를 제시하고 있다.

[표 12] NAPCC의 8대 과제

구분	내용
태양에너지 (National Solar Mission)	· 태양광 기술의 확산을 위한 정책 여건 마련, 태양광 에너지 리더 국가로의 도약 · 목표 상향 : 2020년 20GW → 2022년 100GW
에너지 효율 제고 (National Mission for Enhanced Energy Efficiency)	· 에너지 절약 인증 시스템 등 에너지 소비가 큰 산업에서 특정 에너지원의 소비 감소 의무 시행 · 에너지 효율이 높은 가전제품에 에너지 인센티브 제공 · 에너지 효율화 부문 성장을 위한 정책과 제도 마련
지속가능한 주거 (National Mission on Sustainable Habitat)	· 폐기물을 활용한 전력 생산, 도시 폐기물 관리 등에 중점 · 자동차 연비 기준의 시행 강화 · 대중교통 수단의 사용에 대한 인센티브 · 지속가능한 거주 표준 및 도시 개발, 역량 강화 등
물 관리 (National Water Mission)	· 기후변화로 인해 예상되는 물 부족 현상 대책을 위한 가격 및 기타 정책 시행으로 물 사용 효율 20% 향상 · 포괄적인 물 데이터베이스 구축 및 통합, 수자원 관리 수준의 향상
히말라야 생태계 보존 (National Mission for Sustaining the Himalayan Ecosystem)	· 지구온난화로 빙하의 감소가 예상되는 히말라야 지역에 있는 다양한 생물, 삼림, 생태학적 가치 보존
녹색 인도 (National Mission for a Green India)	· 산림 및 생태계 보호를 통한 기후변화 적응 및 경감 · 척박한 산림토양 600만 헥타르의 조림과 인도 영토의 23%를 차지하는 산림 비율을 23%에서 33%로 확장
지속가능한 농업 (National Mission for Sustainable Agriculture)	· 기후회복력 있는 작물의 개발, 기상보험체계 구축, 새로운 농업기술 보급을 통해 농업 분야에서 기후 적응 지원
기후변화 관련 전략 지식 (National Mission on Strategic Knowledge for Climate Change)	· 기후변화 관련 연구개발, 국제협력, 기업의 기술 개발 지원 등 · 벤처자금 기금을 통한 적응과 감축 기술 개발을 위한 민간 부문의 사업 장려

출처: 한형민 외 4인 (2022). “인도의 신·재생에너지 시장 및 정책 분석과 한-인도 협력 방안”.

NAPCC는 인도의 기후변화 대응 의지를 명확히 보여주는 중요한 계획이지만, 인도는 기후 목표를 실현하기 위해 여전히 해결해야 할 여러 중요한 과제에 직면해 있다. NAPCC는 첨단 기술을 통해 저탄소 경제로 전환할 기회를 제공하지만, 태양광 발전에 지나치게 집중한 나머지 종합적인 접근 방식에 저해된다는 비판을 받아왔다. 또한, 지속가능한 주거와 농업 등 NAPCC의 과제들은 목표와 일치하지만, 자문적 성격이 강하고 이를 평가하고 감시하는 체계가 부족해 실질적인 실행이 어려운 상황이었다. 더불어, 과제 승인 과정에 많은 시간이 소요되는 거버넌스 구조의 문제도 지적되고 있다.

그럼에도 불구하고 NAPCC는 인도의 기후변화 대응을 위한 첫 번째 국가행동계획이자, 관련 정책의 출발점으로서 중요한 의미를 갖는다. 특히, 국가 태양광 계획은 2015년 모디 정부 출범 이후 태양광 발전 목표를 20GW에서 100GW로 상향 조정하면서 본격적으로 추진되었으며, 현재까지 실효성을 가진 인도의 대표적인 신·재생에너지 관련 정책으로 평가받고 있다.

4.3.2 뭄바이 기후행동계획(MCAP)

인도의 기후변화 대응 노력은 최근에도 뚜렷하게 드러나고 있다. 2022년 3월, 인도 마하라슈트라주 주정부는 인도 정부가 2070년까지 온실가스 배출 넷제로(net-zero)를 달성하겠다고 발표한 COP26 목표보다 20년 앞선 2050년을 목표로 하는 30년 중·장기 계획인 뭄바이 기후 행동계획(Mumbai Climate Action Plan, MCAP)을 발표했다.

뭄바이는 해안 도시로서 기후변화에 매우 취약한 지리적 특성이 있으며,

해수면 상승, 폭염, 홍수와 같은 극심한 날씨 변화가 큰 문제로 대두되고 있다. 또한, 뭄바이 전력의 95%는 화석연료에서 생산되며, 2019년 뭄바이의 온실가스 총배출량은 2,340만 톤(1인당 CO_2 배출량 1.8톤)에 달했다. 기후변화 대응 없이 현재 상황이 계속될 경우 2050년에는 배출량이 약 6,500만 톤으로, 2019년 배출량의 2.5배 이상 증가할 것으로 예상된다.

MCAP는 뭄바이의 기후변화 대응을 위한 '감축·완화'와 '적응'이라는 두 가지 측면에서 야심 차지만 달성 가능한 접근방법을 제시하며, 이를 통해 6개 우선순위 분야를 선정하고 24개의 세부 전략을 제시하고 있다. MCAP는 기후변화의 영향을 줄이기 위한 뭄바이의 포괄적인 대응책으로 평가받고 있다.

[표 13] 뭄바이 기후 행동계획 분야

구분	내용
에너지 및 건축	· 재생에너지 사용 비율을 2030년까지 50%, 2050년까지 90%로 증대 · 기존 인프라 업그레이드, 에너지와 물 효율 기기 및 기술을 활용한 건물 신축, 청정연료로 사용 전환 · 건물의 친환경적 개조, 에너지 절약 건축법 준수(Energy Conservation Building Code) 및 인증제도 도입
대기 환경	· 2030년까지 대기오염을 2019년 대비 20~30% 수준으로 감축 · 요리용 연료를 2025년까지 40%, 2030년까지 100% LPG 및 PNG로 전환 · 대기 환경 모니터링과 예측, 시민 대상 인식 제고 프로그램을 통해 대기 관련 정보와 데이터 수집 확대 · 대규모 설문 조사를 기반으로 한 건강 위험 평가 시행
지속가능한 폐기물 관리	· 4R(Reduce, Reuse, Recover, Recycle)을 적용한 폐기물 관리 계획 · 2030년까지 쓰레기 매립 비율 40% 감축 · 폐기물 분리 · 재활용 · 퇴비 활용 등 폐기물 처리 방식 다양화 · 기존 쓰레기 매립지 복원 및 2030년까지 모든 폐기물을 과학적 처분
지속가능한 모빌리티 확대	· 대중교통 이용 확대 · 인센티브제 등을 활용하여 2050년까지 100% 탄소 제로 자동차 보급 · 보행자 안전 및 Last Mile Connectivity[14]를 확보하는 동시에 비동력교통(Non Motorized Transport) 수단과 인프라 확대 등
도시 홍수 문제 및 물 관리	· 홍수로 인한 위험을 최소화하기 위한 시스템 및 관련 인프라 구축 · 2030년까지 모든 가구가 구매 가능한 안전한 식수 및 안전하고 위생적인 화장실 보급 · 조기경보 시스템, 데이터 모니터링, 지역 커뮤니티 참여를 통한 재해 위험 및 영향 축소 · 물 수요 관리·수자원 관리 자립화(Localization)
도시 녹화 및 도시 생태계 다양성 복원	· 2030년까지 도시 면적의 30~40%를 투수 면적(Permeable Surface)과 초목 지역으로 확대 · 2050년까지 도시 가로 경관을 따라 투수 면적 100% 확보 및 열섬 효과 축소 · 2040년까지 1인당 공지(Open Space)를 6m^2로 확대

14) 출발지에서 교통 허브까지의 이동경로를 first mile, 최종목적지 인근 교통 허브에서 최종목적지까지의 이동경로를 last mile이라고 한다. 교통 허브와 최종목적지 사이를 연결하는 대중교통 수단들을 'Last Mile Connectivity'라 한다.

4.3.3 국가 녹색수소 계획

2023년 1월 4일, 인도 중앙정부는 녹색수소 발전을 위해 1,974억 4,000만 인도 루피(한화 약 3조 50억 원) 규모의 세제 혜택을 제공하는 '국가 녹색수소 계획(National Green Hydrogen Mission)'을 승인했다. 이를 통해 인도 정부는 향후 5년간 연간 500만 톤의 녹색수소[15]를 생산하는 것과 동시에 EU와 일본 등으로 녹색수소를 수출하는 것을 목표로 하고 있다. 또한 이 계획은 관련 투자 유치, 일자리 창출, 신흥 산업 진출 등도 목표로 삼고 있다.

2023년 8월 19일, 인도 신재생에너지부는 수소 생산 1kg당 이산화탄소 배출량이 2kg 이하일 경우 이를 녹색수소로 분류하겠다고 발표했다. 녹색수소의 현장 검증 및 인증은 인도 전력부 산하 에너지효율청(Bureau of Energy Efficiency)에서 담당하게 된다. 이를 통해 인도는 녹색수소 산업을 강화하며, 글로벌 에너지 전환과 기후변화 대응에 적극적으로 기여하고자 한다.

인도 정부는 2030년까지 500만 톤의 녹색수소를 생산하겠다는 목표를 세우고, 이를 위해 최근 몇 년간 녹색수소 생산을 위한 파일럿 프로젝트를 진행해왔다. 정부 목표를 달성하기 위해서는 24시간 가동이 가능한 115GW 용량의 발전소와 500억 리터의 담수 공급이 필요할 것으로 분석되고 있다. 인도 정부는 이 계획을 실행하기 위해 초기 투자금으로 약 30억 달러(한화 약 9조 9,675억 원)를 지출할 예정이며, 녹색수소 산업으로의 전환을 촉진하기 위해 국내 제조기업에 인센티브를 제공하고, 파일럿 프로젝트와 연구개발(R&D) 등을 적극적으로 지원할 계획이다.

15) 녹색수소(Green Hydrogen)는 물의 전기분해를 통해 얻어지는 수소로, 태양광 또는 풍력 같은 신재생에너지를 통해 얻은 전기에너지를 물에 가해 수소와 산소를 생산하기 때문에 이산화탄소 배출이 전혀 없다.

이와 더불어, NAPCC나 '국가 녹색수소 계획' 이외에도 인도는 기후변화 대응을 강화하기 위해 다양한 정책들을 채택하고 발전시켜왔다. 그중 주요 정책은 다음과 같다.

① 국제 태양광 동맹(International Solar Alliance, ISA): NAPCC에서 강조된 태양광 에너지 확대의 일환으로, 인도는 2015년에 ISA를 설립했다. ISA는 태양 에너지 이용을 증진하고 국제적인 태양 에너지 협력을 강화하기 위한 다자간 협력 플랫폼이다.
② 스마트시티 미션(Smart Cities Mission): 2015년에 시작된 이 프로그램은 도시 기후변화 대응을 목표로 하며, 지능형 교통 체계, 에너지 효율적인 건물, 환경 친화적인 기반시설 등을 통해 도시의 지속가능한 발전을 촉진한다.
③ 전기차 채택 및 생산 가속화(Faster Adoption and Manufacturing of Electric Vehicles, FAME): 2015년부터 시작된 FAME 정책은 전기차의 보급을 확대하고, 대중교통과 개인 자동차 부문에서 전기차 도입을 촉진함으로써 대기오염을 감소시키고자 한다.
④ 클린 인디아(Swachh Bharat Mission, SBM): 2014년에 시작된 이 프로그램은 폐기물 처리 및 재활용을 강화하여 환경오염을 줄이고, 깨끗한 환경을 조성하는 것을 목표로 한다.

이러한 정책들은 인도가 지속가능한 개발과 기후변화 대응을 위해 다양한 분야에서 적극적인 노력을 기울이고 있음을 보여준다.

4.4 대한민국의 기후변화 정책

대한민국의 연평균 기온 상승 폭은 전 세계 평균보다 더 빠르게 증가하고 있다. 1912년부터 2020년까지 우리나라의 연평균 기온은 10년에 0.2℃씩 상승했는데, 이는 전 세계 평균인 0.07℃보다 약 3배에 해당하는 수치다. 또한, 1989년부터 2018년까지 최근 30년 동안 해수면 상승 폭도 전 세계 연간 평균인 1.7mm보다 더 큰 2.97mm를 기록했다. 이러한 기후변화의 영향으로 앞으로도 대한민국의 연평균 기온과 강수량은 지속해서 증가할 것으로 예상된다. 이에 따라 우리나라는 기후변화 적응을 위한 다양한 정책들을 마련해 추진하고 있다.[16]

대한민국의 기후변화 적응정책은 2010년도에 제정된 '저탄소 녹색성장 기본법'에 따라 처음 법제화되었으며, 현재는 2022년 3월 발효된 '기후위기 대응을 위한 탄소중립·녹색성장 기본법'을 근거로 5년 단위로 '국가 기후위기 적응대책'을 수립하여 이행하고 있다. 이를 통해 기후변화로 인한 위험을 최소화하고, 경제 및 사회 전반에 걸친 탄소중립 및 녹색성장을 지속해서 추진하고 있다.

16) "기상청 100년간 기상 데이터로 본 기후위기, 대응과제는?" 파이낸셜 뉴스(2023. 4. 12).

4.4.1 기후위기 대응을 위한 탄소중립·녹색성장 기본법[17]

2022년 3월 25일, 대한민국은 기후위기 대응을 위한 탄소중립·녹색성장 기본법(약칭 : 탄소중립기본법)을 제정했다. 이 법은 탄소중립 사회로의 이행 과정에서 발생할 수 있는 경제적·환경적·사회적 불평등을 해소하고, 녹색기술과 녹색산업의 육성·촉진·활성화를 통해 경제와 환경의 조화로운 발전을 도모하는 것을 목적으로 한다. 이를 통해 현재 세대와 미래 세대의 삶의 질을 높이고, 생태계와 기후체계를 보호하며, 국제사회의 지속가능 발전에 기여하고자 한다. 이 법안의 시행령이 통과되면서, 대한민국은 세계에서 탄소중립을 법제화한 14번째 국가가 되었다.

탄소중립기본법의 전반적인 체계는 다음과 같다.

① 기후위기 대응과 탄소중립 목표 : 법안은 대한민국이 2050년까지 탄소중립을 달성하기 위한 법적 근거와 목표를 명확히 설정하고 있다.

② 사회적 불평등 해소 : 탄소중립 과정에서 발생할 수 있는 경제적·환경적·사회적 불평등을 해소하고, 정의로운 전환을 보장한다.

③ 녹색기술과 녹색산업 육성 : 녹색기술 개발과 녹색산업의 성장을 촉진하여, 지속가능한 경제발전과 환경 보호를 동시에 이루는 것을 목표로 한다.

④ 탄소중립 이행 계획 : 법은 5년 단위로 국가 기후위기 적응대책과 녹색성장 이행 계획을 수립하고 이를 실행하도록 규정한다.

17) 탄소중립 정책포털 내용 발췌 및 수정(www.gihoo.or.kr).

이러한 법적 체계를 바탕으로 대한민국은 기후위기 대응과 탄소중립 실현을 위한 구체적인 목표를 법적으로 명확히 하고, 전 사회적 차원의 지속 가능한 발전을 위해 나아가고 있다.

[표 14] 탄소중립기본법 체계도

<table>
<tr><td rowspan="3">총괄</td><td>· 비전</td><td colspan="3">· 2050 탄소중립 + 환경·경제조화</td></tr>
<tr><td>· 전략 및 목표</td><td colspan="3">· 국가전략 + 중장기 온실가스 감축목표</td></tr>
<tr><td>· 이행체계</td><td colspan="3">· 탄소중립 녹색성장 기본계획(국가 · 시도 · 시군구)</td></tr>
<tr><td rowspan="2">분야별
시책</td><td>· 온실가스 감축</td><td>· 기후위기 적응</td><td>· 정의로운 전환</td><td>· 녹색성장</td></tr>
<tr><td>· 기후변화 영향평가
· 탄소인지 예산제도
· 배출권·목표관리
· 탄소중립 도시
· 지역 에너지 전환
· 녹색건축·교통
· 흡수원·CCUS
· 국제 감축사업
· 종합정보관리</td><td>· 감시·예측
· 기후위기 적응대책
(국가, 지방, 공공기관)
· 지역 기후대응
· 물 관리
· 녹색국토
· 농림수산 전환
· 적응센터</td><td>· 사회안전망
· 특별지구
· 사업전환
· 자산손실 최소화
· 국민 참여
· 협동조합 활성화
· 지원센터</td><td>· 녹색경제
· 녹색산업
· 녹색경영
· 녹색기술
· 조세제도
· 녹색금융
· 정보통신
· 순환경제</td></tr>
<tr><td rowspan="2">기반</td><td colspan="4">· 탄소중립·녹색성장 이행 확산(지자체, 생산 및 소비, 탄소중립 지원센터 등)</td></tr>
<tr><td colspan="4">· 기후대응기금[18]</td></tr>
</table>

18) 기후위기에 효과적으로 대응하고 탄소중립 사회로의 이행과 녹색성장을 촉진하는 데 필요한 재원을 확보하기 위하여 설치된 기금으로, 기후위기 대응을 위한 정부와 민관의 사업 및 R&D에 필요한 융자와 투자금 지원 등을 포함한다.

4.4.2 국가 기후위기 적응대책[19]

국가 기후위기 적응대책은 기후변화의 불확실성을 고려하여 5년 단위로 수립되는 국가적응계획이다. 대한민국은 2010년 제1차 국가 기후위기 적응대책 수립을 통해 기후변화 적응의 추진 기반을 마련했으며, 현재는 제2차 국가 기후위기 적응대책의 성과와 IPCC 제5차 평가보고서를 기반으로 한 제3차 국가 기후위기 적응대책(2021~2025년)을 이행 중이다.

제3차 국가 기후위기 적응대책은 총 12개 추진과제와 36개 중점 분야로 구성되어 있으며, 15개 정부 부처에서 이를 이행하고 있다. 이 대책은 기후리스크 적응력 제고, 감시·예측 및 평가 강화, 적응 주류화 실현이라는 3가지 정책 기조를 중심으로 추진된다. 이를 통해 기후변화로 인한 위험을 줄이고, 각 분야에서 적절한 적응 전략을 마련함으로써 지속가능한 발전을 이루는 것을 목표로 하고 있다.

이 계획은 기후변화의 불확실성을 관리하고, 전 사회적 차원의 기후변화 적응 능력을 강화하는 데 중요한 역할을 하고 있다. 해당 적응대책의 전반적인 체계는 [표 15]와 같다.

19) 관계부처 합동(2023). "제3차(2023~2025) 국가 기후위기 적응 강화대책" 일부 발췌 및 수정.

[표 15] 제3차 국가 기후위기 적응대책 체계도

<table>
<tr><td>비전</td><td colspan="4">국민과 함께하는 기후안심 국가 구현</td></tr>
<tr><td>목표</td><td colspan="4">· 2℃ 지구온도 상승에 대비하는 사회 전 부문의 기후탄력성 제고
· 기후감시 · 예측 인프라 구축으로 과학 기반 적응 추진
· 모든 적응 이행주체가 참여하는 적응 주류화 실현</td></tr>
<tr><td rowspan="3">3대 정책</td><td>기후 리스크
적응력 제고</td><td colspan="3">· 미래 기후위험을 고려한 물 관리
· 생태계 건강성 유지
· 전 국토의 적응력 제고
· 지속가능한 농수산 환경 구축
· 건강피해 사전예방 체계 마련
· 산업 및 에너지 분야 적응역량 강화</td></tr>
<tr><td>감시·예측 및
평가 강화</td><td colspan="3">· 종합 감시체계 구축
· 시나리오 생산 및 예측 고도화
· 평가도구 및 정보제공 강화</td></tr>
<tr><td>적응 주류화
실현</td><td colspan="3">· 기후 적응 추진체계 강화
· 기후탄력성 제고 기반 마련
· 기후 적응 협력 체계 구축 및 인식 제고</td></tr>
<tr><td>핵심 전략</td><td>기후탄력성 제고</td><td>취약계층 보호</td><td>시민참여 활성화</td><td>신기후체제 대응</td></tr>
</table>

제3차 국가 기후위기 적응대책은 국민평가단을 구성하여 상향식 체계를 강화하고, 장기적 대응이 필요한 기후변화 적응사업을 추진할 수 있는 기반을 마련했다는 점에서 큰 의의가 있다. 국민 50명으로 구성된 국민평가단을 통해 기후위기 적응의 직접 당사자인 국민의 의견을 반영함으로써, 기후변화 대응에 더 실효성 있는 정책을 수립하고자 했다.

그러나 기후재난 피해 방지를 위한 적응 인프라가 부족하고, 정보 활용이 미흡하다는 평가가 있었다. 이를 개선하기 위해 우리 정부는 2023년 6월, 사회 전반의 적응 인프라를 강화하고 현장에 적용 가능한 액션 플랜을 포함한 '제3차 국가 기후위기 적응 강화대책'을 수립했다.

이 강화대책의 주요 내용은 다음과 같다.

① 적응 인프라 확충 : 기후재난 피해를 예방하고 대응할 수 있는 사회적 인프라를 강화하여 기후변화로 인한 피해를 최소화한다.

② 현장 적용 액션 플랜 강화 : 정책과 계획이 현장에 실질적으로 적용될 수 있도록 세부적인 실행 계획을 마련하고, 각 분야에서 기후위기 대응을 실천할 수 있도록 지원한다.

③ 셋째, 정보 활용 및 공유 확대 : 기후변화와 관련된 정보의 활용성을 높이고, 관련 데이터를 통합하여 더욱 정확한 기후위기 대응 정책을 수립할 수 있도록 한다.

④ 기후 적응 주류화 : 기후 적응을 각 부문과 정책에 통합하여 기후변화 적응이 전 사회적으로 실행될 수 있도록 주류화를 실현한다.

이 강화대책은 기후변화 대응의 실효성을 높이고, 더욱 강력한 적응체계를 구축하는 데 중점을 두고 있다.

[표 16] 제3차 국가 기후위기 적응 강화대책 체계도

비전	기후위기에 안전하고 회복력 높은 대한민국	
목표	· 과학적 예측에 기반한 적응대책 지원 · 기후재난 예방으로 국민 피해 최소화 · 모든 적응 주체가 함께하는 역량 제고	
4대 정책	과학적 기후 감시 · 예측 및 적응 기반 고도화	· 기후위기 감시체계 및 예측 강화 · 기후위기 적응정보 생산 및 기술 개발 촉진
	기후재난·위험을 극복한 안전사회 실현	· 홍수 · 가뭄 대비 물 관리 강화 · 산불 · 산사태 등 산림재해 예방 · 폭염 · 한파 등 이상기온 대비 건강피해 사전예방 강화
	기후위기에 적응하는 사회적 기반 구축	· 기후위기에 따른 주택·도시·기반시설 재해대응력 강화 · 기후위기 적응형 항만·해양공간 조성 · 지속가능한 농수산 환경 조성 · 생태계 안정성 유지
	모든 주체가 함께하는 기후 적응 추진	· 기후위기 취약계층 등에 대한 국가적 보호 강화 · 기후재난 「대비 대응 역량 제고 · 국민과 함께하는 적응 거버넌스 구현

제3차 적응대책과 적응 강화대책의 주요 과제를 비교한 내용은 [표 17]과 같다.

[표 17] 제3차 국가 기후위기 적응대책과 적응 강화대책 주요 과제 비교

구분		제3차 적응대책		제3차 적응 강화대책
과학적 기후 감시·예측 및 적응 기반 고도화	감시·예측	- 온실가스 농도 변화를 고려한 기후변화 예측 - 온실가스 관측망 부족 (지상 5개소)	▶	- 인구·에너지 사용을 고려한 기후변화 예측 및 고해상도 상황지도 제공 - 위성과 연계한 입체적 관측망 운영
	적응정보·기술 개발	- 부처별 적응정보 산재 - 분야별 단일 위험지도 제공		- 적응정보 종합플랫폼 구축 - 기후위험지도 구축
기후재난·위험을 극복한 안전사회 실현	물 관리	- 홍수 예·경보(3시간 전) - 가뭄정보 산재, 3개월 전망, 극한가뭄 대책 미흡		- AI 예·경보 신속화(6시간 전) - One-map 구축, 계절가뭄 전망 (3개월 이상) 제공
	산불·산사태	- 산불 위험도 단기예측(3일 전) - 산사태 위험지도 낮은 정밀성 (읍면동 단위)	▶	- 중장기 산불 예측 (7일·1개월 전) - 산림유역 단위로 지도 세밀화
	건강	- 신체적 피해 중심 지원		- 정신적 피해자 심리안정 지원
기후위기에 적응하는 사회적 기반 구축	국토·기반시설	- 반지하 등 취약주택 예방시설 부재 - 도시계획에 기후재난 대응계획 미비		- 침수방지시설 및 이주 지원 확대 - 도·시군 기본 계획 수립지침 개정
	연안·해양	- 연안 인프라 관리에 미래 기후 위험도 반영 미흡 - 연안재해 예측주기(3시간) 및 정밀도(시도 단위) 미흡	▶	- 강화된 설계기준으로 방파제 등 보강(설계파도 100년 빈도) - AI 기반 예·경보 시스템 개발 (예측주기 30분, 정밀도 → 읍면동)
	농수산	- 농업 예·경보 서비스 부족 (2022년 60개 시군) - 수산생물 질병 정보공유 미흡		- 농업기상정보 서비스 지역 확대 (2025년 155개) - 질병정보 공유플랫폼 운영
	생태계	- 일부 도서(제주, 울릉 등) 식물종 손실 예측		- 전국 육상 및 도서지역에서 식물종 손실 예측
모든 주체가 함께하는 기후 적응 추진	취약계층	- 기후위기 취약계층 정의 및 종합적 현황 파악 부재		- 기후위기 취약계층 실태조사 및 보호대책 가이드라인 마련
	재난대응	- 재난정보 전달체계 신속성 미흡 (기상청→행안부·지자체→국민) - 재난안전 데이터 관리시스템 산재(58개 기관, 198개 시스템)	▶	- 신속한 전달체계 구축 (기상청→ 국민) - 데이터 공유플랫폼 구축
	거버넌스	- 적응의 법적 기반 미흡 - 온실가스 감축에 편중된 대응		- 적응대책 반영 강화 - 금융기관 기후 리스크 대응체계 마련, ESG 공시대비 적응정보 생산 및 제공

4.4.3 기후변화 영향평가 제도[20]

대한민국 정부는 2022년 9월 25일, 국가계획 및 개발사업에 탄소중립을 내재화하는 기후변화 영향평가 제도를 시행했다. 기후변화 영향평가는 국가의 주요 계획이나 대규모 개발사업에 대해 기후변화로 인한 영향을 사전에 평가하도록 하여, 기후위기 적응과 온실가스 감축을 유도하는 제도이다. 이 제도는 '기후위기 대응을 위한 탄소중립·녹색성장 기본법'에 따라 도입된 기후위기 대응을 위한 제도적 수단 중 하나이다.

평가대상은 온실가스를 많이 배출하거나 기후위기에 취약한 10개 분야의 계획 및 사업으로, 여기에는 에너지 개발, 산업입지 및 산업단지 조성, 도시 개발, 수자원 개발, 항만 건설, 산지 개발, 하천 이용 및 개발, 도로 건설, 공항 건설, 폐기물·가축분뇨 처리시설 설치 등이 포함된다.

기후변화 영향평가의 계획 수립기관이나 사업자는 온실가스 감축 및 기후위기 적응 측면에서 해당 계획과 사업을 사전에 평가해야 한다. 감축 측면에서는 온실가스 배출량 전망치, 중장기 감축목표, 기술 수준 등을 고려해 감축목표를 설정하고, 이를 달성하기 위한 에너지, 건물, 수송, 폐기물 등의 부문별 감축 방안을 제시해야 한다. 감축 방안으로는 재생에너지 활용, 하수처리수 재이용, 탄소포집저장기술(CCUS) 등이 포함된다.

한편, 기후위기 적응 측면에서는 중·장기적 시점에서 기후변화 시나리오와 국가 및 지역 단위 적응계획을 고려해 폭염, 홍수, 해수면 상승 등 기후위기 요인을 분석하고, 최적의 적응 방안을 마련해야 한다. 최적의 적응 방안으로는 집중호우로 인한 도심 침수를 대비한 불투수 면적 최소화와 빗물

---

20) 환경부(2024). "기후변화영향평가 방법 등에 관한 안내서" 일부 발췌 및 수정.

[표 18] 기후변화 영향평가 개요

목적	국가 계획·사업 추진 시 기후변화 영향 등을 사전 분석·평가 ※ '탄소중립·녹색성장 기본법' 제정으로 제도의 법적 기반 마련
대상	온실가스 多배출, 기후변화에 취약한 10개 분야 계획·사업 선정
방법	배출원 조사 → 감축목표 설정 → 감축 방안 수립 〈감축〉, 기후현황·전망 조사 → 우선 관리 리스크 도출 → 적응 방안 수립 〈적응〉

저장시설 설치 등이 포함된다.

이러한 기후변화 영향평가는 기후변화 대응을 국가적 차원에서 체계적으로 추진하기 위한 중요한 제도로, 탄소중립 목표 달성 및 기후위기 적응력 강화를 목표로 하고 있다.

환경부는 국가 및 부문별 계획, 기술 수준 등을 종합적으로 고려하여, 계획이나 사업에서 수립된 감축목표와 감축·적응 방안의 적정성을 주로 검토한다. 또한, 기상청의 기후변화 시나리오와 같은 신뢰성 있는 자료를 사용해 기후변화 현황과 예측치가 제대로 분석되었는지, 그리고 국가 및 지자체의 적응 대책과의 정합성을 고려하여 리스크와 적응 방안이 산정되었는지를 종합적으로 평가한다.

정부는 기후변화 영향평가 제도의 시행을 통해, 국가의 주요 계획 및 대규모 개발사업의 준비 단계에서부터 기후위기 적응 방안과 온실가스 감축 방안을 마련하도록 유도하고 있다. 이러한 선제적인 대비를 통해 기후재난으로부터 안전을 확보하고, 더 나아가 국가 탄소중립 목표 달성에 기여하는 것을 목표로 하고 있다.

5. 국제사회의 기후위기 대응 거버넌스와 협력 메커니즘[21]

기후위기는 특정 국가에 국한된 문제가 아니라 전 지구적인 문제이다. 따라서 이에 대한 효과적인 대응을 위해서는 정부 주도의 접근만으로는 한계가 있으며, 다양한 국가, 기관 등 여러 이해관계자들의 강력한 거버넌스와 협력 메커니즘이 구축되어야 한다. 거버넌스 측면에서는 기후위기에 대응하는 협상 체계와 온실가스 배출 감소를 위해 실현 가능한 이행 메커니즘이 필수적이다. 이러한 메커니즘은 효과적이고 현실적인 해결책을 마련하는 데 중요한 역할을 한다.

또한, 협력 메커니즘 측면에서는 국가 간의 기술 및 자금 이전, 기후위기 대응 연구 및 지식 공유와 같은 다각적인 국제협력이 필요하다. 국제사회는 공동으로 기후위기에 대한 책임을 도원결의하듯이, 서로 협력하여 지속가능한 해결책을 모색해야 한다. 이러한 국제사회의 노력은 기후변화 대응을 위한 공동의 플랫폼과 지속적인 협력을 통해 [표 19]와 같이 이어져오고 있다. 국제협력과 강력한 거버넌스 구축은 기후위기 문제 해결의 중요한 열쇠로 작용할 것이다.

21) 국가 기후위기 적응정보포털에서 일부 발췌 및 수정(https://kaccc.kei.re.kr/portal/index.do).

[표 19] 국제사회의 기후변화 관련 주요 회의

명칭	연도	주요 내용
스톡홀름 회의	1972	· 공식 명칭은 유엔인간환경회의(United Nations Conference on the Human Environment)로, 환경파괴에 대한 대책을 범지구적으로 협의한 최초의 환경 관련 국제 회의
리우 회의	1992	· 지구 정상회의(Earth Summit)로도 알려져 있다. 기후변화에 대한 국제사회의 기본법적인 역할을 정의하였으나 구체적인 강제사항은 명시되지 않음
교토의정서	1997	· 기후변화에 대한 국제사회의 실행법적인 역할을 정의하며, 구체적인 의무사항을 명시함 · 기후변화협약 목표 달성을 위해 선진국에 구속력 있는 온실가스 감축목표 규정
파리협정	2015	· 2020년 만료된 교토의정서를 대체하는 새로운 기후변화 협정으로, 'Post-2020', '신(新)기후체제'라고도 불림 · 지구 평균온도를 산업화 이전 대비 2℃보다 현저히 낮은 수준으로 유지하고, 1.5℃ 상승을 억제하려는 노력 추구 · 195개 당사국이 모두 참여하는 보편적인 체제 마련
글래스고 기후 협약	2021	· 2021년은 파리협정의 이행이 본격적으로 개시되는 해 · '파리협정 6조' 이행규칙 채택 · 개발도상국의 기후변화 적응(adaptation)에 대한 지원 강화와 넷제로 목표 달성을 위한 감축(mitigation) 목표의 추가 상향

출처: United Nations Climate Change(https://unfccc.int) 내 자료 취합.
WWF-KOREA(2020). "글로벌 기후위기 대응: 재생에너지 확대를 중심으로".

5.1 기후변화에 관한 정부 간 협의체(IPCC)[22]

국제적으로 기후변화와 기후위기에 대응하기 위한 본격적인 움직임은 1988년 세계기상기구(World Meteorological Organization, WMO)와 유엔환경계획(United Nations Environment Programme, UNEP)이 기후변화에 관한 정부 간 협의체(Intergovernmental Panel on Climate Change, IPCC)를 설립하면서 시작되었다. IPCC는 인간 활동이 기후변화에 미치는 영향을 평가하고, 이에 대한 국제적인 대응책을 마련하기 위해 설립된 협의체이다. 대한민국은 1993년 12월에 IPCC에 가입하였으며, 2015년 10월 이회성 교수가 의장으로 임명되어 2023년 7월까지 협의체를 이끌었다.

IPCC는 독자적인 연구를 수행하지 않으며, 주요 활동으로 전 세계 정부 관계자, 관련 분야 과학자 및 전문가들이 모여 5~7년마다 기후변화에 관한 현황을 연구하고 평가하여 '기후변화 평가보고서(Assessment Report)'를 발표한다. 이 보고서는 기후변화의 과학적 근거와 현황을 분석한 결과를 담고 있으며, 국제사회가 기후변화 대응 정책을 수립하는 데 중요한 참고 자료로 활용된다.

IPCC는 각국에 직접적인 정책 제언을 하지는 않지만, 국제사회의 기후변화 관련 정책에 강력한 영향을 미치고 있다. 2023년 3월 기준으로 총 6개의 평가보고서가 발표되었다. IPCC 보고서는 기후변화에 대한 과학적 기반을 제공하고, 전 세계가 기후위기에 대응하기 위한 중요한 가이드라인 역할을 한다.

---

22) IPCC 홈페이지에서 일부 발췌(https://www.ipcc.ch).

[그림 3] UNFCCC COP 주요 논의 흐름

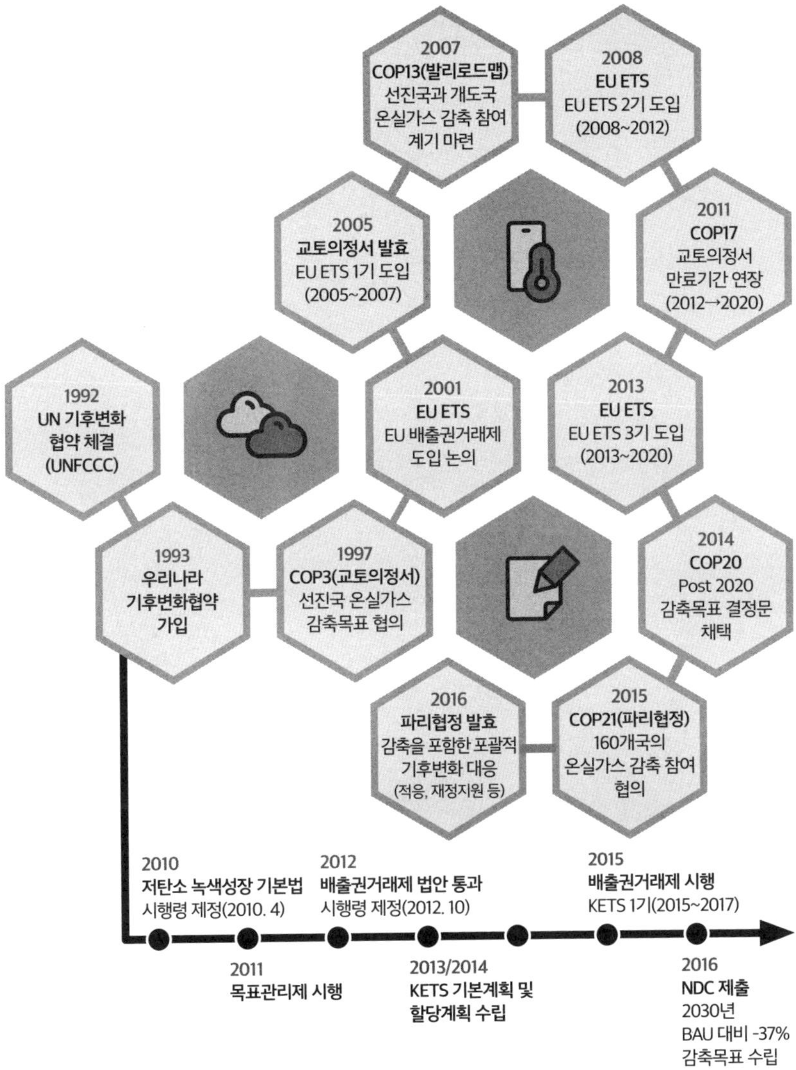

[표 20] 역대 IPCC 평가보고서의 주요 내용

회차	연도	주요 내용
1차	1990	· 지난 100년 동안 지구 표면 평균온도가 0.3~0.6℃ 상승, 해수면 높이는 10~25cm 상승 · 유엔 기후변화협약(UNFCCC)의 채택(1992) 및 발효(1994)에 뒷받침
2차	1995	· 지구온난화의 주요 원인 중 하나가 '인류'라는 점을 명시 · 온실가스가 현재 추세대로 증가할 경우 2100년의 지구 평균기온은 0.8~3.5℃ 상승하고 해수면도 15~95cm 상승할 것으로 예상
3차	2001	· 지구의 평균기온이 향후 100년 동안 최고 5.8℃ 증가할 수 있고, 이에 따라 해수면도 100년 이내에 약 3m 증가할 수 있다는 분석 · 해수면 상승은 인구 밀집 지역인 중국과 이집트 등지의 해안지방을 물에 잠기게 할 수 있다는 우려
4차	2007	· 지난 100년(1906~2005)간 전 세계 평균기온은 0.74℃ 상승 · 이산화탄소의 증가는 주로 인간의 화석연료 사용이 원인임을 명시
5차	2014	· 산업화 이전 대비 지구 평균기온 상승을 2℃보다 상당히 낮은 수준으로 유지키로 하고, 1.5℃ 이하로 제한하기 위한 노력을 추구하는 파리협정의 이론적 근거를 제공
6차	2022	· 인간의 온실가스 배출이 이미 지구 온도를 약 1.09℃ 상승시켰으며, 2040년 이전 지구 평균온도 상승 폭이 1.5℃에 도달할 것으로 전망 · 지난 반세기 동안의 기온 상승률이 지난 2000년 사이 가장 높으며, 이산화탄소 농도는 지난 200만 년간 최고 수준(2030년까지 2019년 대비 온실가스 배출량을 약 43% 감축해야 한다고 강조)

5.2 유엔 기후변화협약 당사국총회(COP)

앞에서 언급한 대로, 기후위기 대응에 있어서 국제협력은 필수적이다. 이 점에서 유엔 기후변화협약 당사국총회(UNFCCC Conference of the Parties, COP)는 실질적이고 강력한 기후위기 대응 거버넌스와 협력 메커니즘을 구축하고 지속하는 데 중요한 역할을 하는 플랫폼이다. COP는 기후변화에 대응하기 위해 매년 개최되는 세계 최대 규모의 기후 정상회의로, 1992년 유엔환경개발회의(UNCED)에서 유엔 기후변화협약(UNFCCC)이 채택된 이후 매년 회원국을 소집하여 기후변화 대응에 대한 공동의 의지와 책임을 표명하고, 협약의 구체적인 이행 방안을 논의하는 자리이다.

COP는 1995년 독일 베를린에서 처음 개최되었다. 1997년 일본 교토에서 열린 COP3에서는 선진국에 온실가스 감축 의무를 부과하고, 구체적인 목표를 설정한 '교토의정서(Kyoto Protocol)'가 채택되었다. 2009년 덴마크 코펜하겐에서 열린 COP15에서는 대한민국이 온실가스 감축목표를 처음으로 공개했으며, 이 회의에서 개발도상국의 기후변화 적응을 지원하기 위한 '녹색기후기금(Green Climate Fund, GCF)'이 설립되었다. GCF는 대한민국 송도국제도시에 사무국을 두고 있는데, 이는 한국이 유치한 최초의 대형 국제기구로서 중요한 의미를 가진다.[23]

2015년 프랑스 파리에서 열린 COP21에서는 산업화 이전 대비 지구 평균기온 상승을 2℃보다 낮은 수준으로 유지하고 1.5℃ 이하로 제한하기 위한 국제적인 결의가 이루어졌다. 이때 195개 당사국은 2020년 이후 교토의정서를 대체할 신기후체제를 도입하기로 만장일치로 결정하였고, 그 결과 '파리협정(Paris Agreement)'이 채택되었다.[24]

2023년 11월 30일에 열린 제28차 유엔 기후변화협약 당사국총회(COP28)에서는 '손실과 피해 기금(Loss and Damage Fund)' 출범에 대한 공식 합의가 이루어졌다. 이는 기후위기에 직면한 개발도상국을 지원하기 위한 기금으

---

23) 외교부 홈페이지 "기후변화협상 유엔 기후변화협약(UNFCCC) 채택" 내용 일부 발췌(https://www.mofa.go.kr/www/wpge/m_20150/contents.do).

24) 대한민국 정책브리핑 "온실가스 감축" 내용 일부 발췌(https://www.korea.kr/special/policyCurationView.do?newsId=148867400).

로, UAE의 술탄 알 자베르 COP28 의장은 "오늘 우리는 역사를 만들었다"며 UAE에서 1억 달러를 기부하겠다고 발표했다. 이 기금은 2022년 COP27에서 기후변화로 인한 개발도상국의 피해에 대해 선진국의 책임과 보상이 필요하다는 의견이 모여 채택된 바 있으며, COP28에서는 보상 주체와 대상, 기금 운용 방식 등에 대한 구체적인 논의가 이루어져 공식적으로 합의되었다. 이로써 기후변화로 고통받는 개발도상국은 금전적 지원을 받을 수 있게 되었다.[25]

유엔 기후변화협약 당사국총회는 전 세계 온실가스 감축에 있어 당사국들의 협약 이행내용을 검토하고, 기후변화 대응에 필요한 결정들을 합의하는 국제사회의 대표적인 기후변화 대응체제이다. 국가들은 당사국총회를 통해 향후 온실가스 감축 노력과 기후변화 적응을 위한 국제사회의 기후변화 대응 행동 방향을 결정한다. 당사국들의 온실가스 감축 역량 제고와 실질적이고 획기적인 감축 활동 지원을 위한 국제사회의 노력은 계속되고 있다.

5.3 유엔 지속가능발전목표(SDGs)[26]

2015년 UN 총회에서 결의된 유엔 지속가능발전목표(UN Sustainable Development Goals, SDGs)는 총 17개의 글로벌 목표로, 2030년까지 교육, 에너지, 건강 등 다양한 분야에서의 지속가능한 발전을 위해 169개의 세부 목

25) UN News "COP28 talks open in Dubai with breakthrough deal on loss and damage fund" 내용 일부 발췌(https://news.un.org/en/story/2023/11/1144162).

26) UNDP 홈페이지에서 일부 발췌(https://www.undp.org).

표를 제시한다. 이 목표들은 국제사회가 기후변화 대응을 포함한 여러 문제를 통합적으로 다룰 수 있도록 설계되었으며, 각 목표는 상호 연관성을 가지고 있다. 유엔의 지속가능발전목표들은 온실가스 감축, 신재생에너지 도입, 도시와 교통의 지속가능성, 생태계 보전 등을 포함하는 종합적 접근을 제공하여, 기후변화의 다양한 측면을 해결하고 국제적인 협력과 노력을 도모하는 기준이 된다.

특히 13번 목표, 즉 기후변화에 대한 긴급 대응(Urgent action to combat climate change and its impacts)은 기후변화가 물, 위생, 해양 및 수자원, 생물다양성, 사회 및 경제발전 등 다양한 영역과 직·간접적으로 연관되어 있으며, 나머지 16개 목표들과도 상호 보완적임을 강조한다. 13번 목표는 온실가스 배출을 줄이고 지구 평균온도 상승을 억제하여 기후변화의 영향을 최소화하는 것을 목표로 한다.

이 목표는 구체적으로 다음과 같은 내용을 포함한다.

첫째, 기후 관련 위험 및 자연재해에 대한 탄력성과 적응 능력을 강화하는 것이다.

둘째, 기후변화 조치를 각국의 정책, 전략 및 계획에 통합하는 것이다.

셋째, 기후변화 완화, 적응, 영향 감소 및 조기 경보에 대한 교육, 인식 제고 및 인적·제도적 역량을 향상시키는 것이다.

이러한 목표는 기후변화의 영향을 줄이고 지속가능한 발전을 이루기 위해 전 지구적인 협력과 노력을 요구하며, 모든 국가와 지역에서 탄소중립과 환경 보전을 위한 다양한 행동을 촉진하는 데 중요한 역할을 한다.

[표 21] 유엔 지속가능발전목표 13번 세부 내용

Goal 13. Take urgent action to combat climate change and its impacts (기후변화와 그로 인한 영향에 맞서기 위한 긴급 대응)	
13.1	Strengthen resilience and adaptive capacity to climate-related hazards and natural disasters in all countries. (모든 국가에서 기후 관련 위험과 자연재해에 대한 회복력과 적응력을 강화한다)
13.2	Integrate climate change measures into national policies, strategies and planning. (기후변화 대응조치를 국가 정책, 전략 및 계획에 통합한다)
13.3	Improve education, awareness-raising and human and institutional capacity on climate change mitigation, adaptation, impact reduction and early warning. (기후변화의 완화, 적응, 영향 감소, 조기 경보 등에 관한 교육, 인식 제고, 인적·제도적 역량을 강화한다)
13.a	Implement the commitment undertaken by developed-country parties to the United Nations Framework Convention on Climate Change to a goal of mobilizing jointly $100 billion annually by 2020 from all sources to address the needs of developing countries in the context of meaningful mitigation actions and transparency on implementation and fully operationalize the Green Climate Fund through its capitalization as soon as possible. (가급적 조속한 출자를 통한 녹색기후기금(GCF)의 온전한 운영, 의미 있는 완화 조치와 이행 투명성이라는 배경에서 개도국의 수요에 따라 2020년까지 모든 원천으로부터 매년 1천억 달러를 공동으로 동원하겠다는 목표에 대한 유엔기후 변화협약 선진국 당사국들의 약속을 이행한다)
13.b	Promote mechanisms for raising capacity for effective climate change-related planning and management in least developed countries and small island developing States, including focusing on women, youth and local and marginalized communities. (여성, 청년, 지역사회의 사회적 약자에 주목하여 최빈개도국과 군소도서국가의 기후변화 관련 효과적인 계획과 관리 역량을 향상시키는 메커니즘을 장려한다)

출처: United Nations Department of Economic and Social Affairs(https://sdgs.un.org/goals).

5.4 과학 기반 감축목표 이니셔티브(SBTi)[27]

과학 기반 감축목표 이니셔티브(Science Based Targets Initiative, SBTi)는 과학적 기반에 근거한 온실가스 배출 감축목표를 설정하는 지침과 방법론을 제공하며, 기업의 기후 행동을 지원하는 자발적인 글로벌 이니셔티브이다. 이 협력체는 탄소공개 프로젝트(CDP), 세계자원연구소(WRI), 세계자연기금(WWF), 유엔글로벌콤팩트(UNGC)가 공동으로 설립한 글로벌 협력체로, 기업들이 기후변화 대응을 위한 책임을 다할 수 있도록 돕고 있다.

SBTi는 탈탄소화(Decarbonization)를 목표로, 파리협정과 기후 전망에 부합하는 지구 온도 상승을 1.5℃ 이내로 제한하는 온실가스 감축목표를 달성하기 위해, 기업의 탄소 배출량을 과학적으로 측정하고 인증하는 것을 주요 내용으로 한다. SBTi에 참여하는 기업은 24개월 이내에 SBTi의 과학적 기준에 맞는 온실가스 감축목표를 설정하고 이를 공개해야 한다.

또한, 기업은 매년 Scope 1, 2, 3에 대한 온실가스 배출량을 보고해야 한다. 이는 직접 배출(Scope 1), 간접 배출(Scope 2), 그리고 가치사슬에서 발생하는 기타 간접 배출(Scope 3)을 포함한다. 이러한 보고와 감축목표 설정을 통해 기업은 더욱 투명하게 탈탄소화 노력을 진행하며, 글로벌 기후 목표 달성에 기여하게 된다.[28]

---

27) SBTi(2021). "SBTi 기준 및 권고안" 내용 일부 발췌.

28) 기업의 탄소 배출은 성격과 범위에 따라 기업에서 소유하거나 통제하는 배출원으로 인해 직접 발생하는 온실가스 직접 배출은 Scope 1, 기업에서 구매한 전기, 스팀, 열 등으로 인해 발생하는 온실가스 간접 배출은 Scope 2, 그리고 기업의 가치사슬에서 발생하는 모든 온실가스 배출은 Scope 3으로 구분한다.

[표 22] SBT(과학 기반 감축목표) 진행 단계

단계	내용
Step 1 목표 설정 서약 제출 (Commitment)	목표 설정에 대한 서약서 제출 ① 표준서약서, ② 1.5℃ 서약서
Step 2 목표 수립(Target)	Scope 1, 2, 3 모두 활용, 미래지향적 목표 수립, 목표 연도 설정 (① 단기: 5~10년, ② 장기: 2050년 이전)
Step 3 목표 제출 및 검증 (Validation)	검증을 위한 목표 제출(SBTi에서 제공하는 지침을 준용하여, 전 과정 진행 여부 검증)
Step 4 목표 공개 및 진행상황 추적 (Disclosure)	공식 승인이 결정되면 배출량과 목표 대비 진행상황을 지속가능 보고서, CSR 보고서 등을 활용하여 매년 공개

SBT(과학 기반 감축목표) 수립에 따라 기업은 넷제로를 기반으로 감축목표를 재조정하고, 이를 통해 비용 절감 및 파산 위험을 방지할 수 있는 탄력성을 구축하게 된다. 이를 통해 기업은 경영의 이익을 극대화하고, 온실가스 감축에 대한 단기적인 솔루션뿐만 아니라 장기적인 비전까지 고려할 수 있게 된다. 이러한 접근은 기업이 지속가능한 경영을 추구하면서 동시에 기후변화 리스크에 대응하고, 미래의 규제 및 시장 변화에도 유연하게 대응할 수 있는 기반을 마련해준다.

5.5 기후행동 얼라이언스(ACA)[29]

기후행동 얼라이언스(Alliance for Climate Action, ACA)는 전 세계 주요 국가들의 기업, 정부, 학계, 시민사회단체 등 여러 이해관계자와의 전방위적 협력 체계를 구축하여 기후행동을 강화하고자 하는 글로벌 네트워크이다. ACA는 각 행위자가 기후변화 대응에 있어 현재의 약속을 이행하고, 더 야심 찬 기후행동을 추구하도록 장려한다.

ACA는 기후행동 이행을 가속화하기 위해 정부와의 협력을 지원하며, 특히 국가 자발적 기여(Nationally Determined Contributions, NDCs)나 장기전략(LTSs) 수립을 돕는다. 또한, 넷제로 달성의 긴급성을 알리고, 기후회복력(climate-resilient) 있는 경제로의 전환을 위한 기후 행동을 정부와 대중에게 촉구하는 것을 목표로 한다. 이러한 활동을 통해 ACA는 기후변화 대응에 있어 글로벌 협력을 강화하고, 기후위기를 해결하기 위한 구체적이고 실행 가능한 전략을 도출하는 데 기여한다.

29) Climate Action 100+(2021). "기후행동 100+탄소중립 기업 벤치마크: 공개 지표-방법론" 중 일부 발췌.

[그림 4] 기후행동을 위한 글로벌 얼라이언스와 파트너

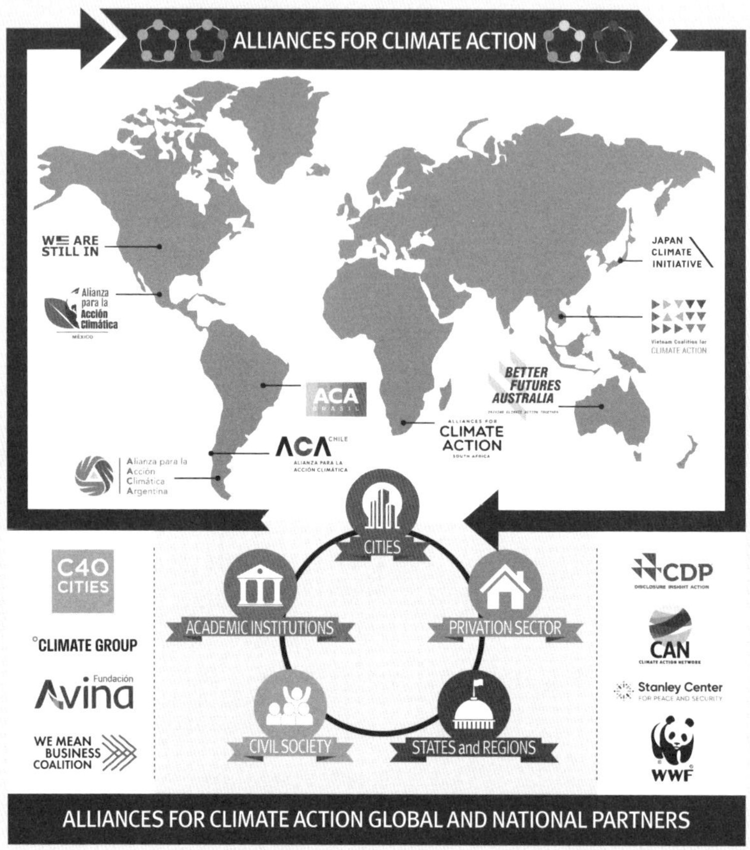

출처: WWF-KOREA(2020). "글로벌 기후위기 대응: 재생에너지 확대를 중심으로".

Part 2

기후금융과 탄소시장

1. 기후금융이란?

1.1 기후금융의 경제적 개념과 범위

화석연료에 기반한 인류의 성장은 우리 삶을 풍요롭게 만들어왔지만, 이러한 성장 방식은 필연적으로 기후위기를 야기하는 구조로 설계되어 있다. 기후변화로 인한 피해를 줄이기 위해 파리협정에 따른 Post-2020 신기후체제 출범, 글래스고 기후합의 채택, 손실과 피해 기금 출범 등 다양한 국세적 합의와 약속들이 당사국총회(COP)에서 이루어지고 있다. 이와 함께 각 국가의 이행의무가 구체화되면서 기후금융(Climate Finance)의 중요성 또한 점차 강조되고 있다.

국제결제은행(Bank for International Settlements, BIS)은 2020년 1월 발표한 보고서 "기후변화 시대의 중앙은행과 금융안정"에서 그린 스완(Green Swan)이라는 용어를 처음으로 제시했다. 이는 예측하기 어려운 금융위기를 의미하는 블랙 스완(Black Swan)에서 파생된 개념이다. 그린 스완은 발생 가능성은 작지만 일단 발생하면 엄청난 충격과 막대한 파급효과를 지니며, 어느 정도 발생 가능성을 예견할 수 있는 기후 관련 금융위기를 뜻한다.[1]

기후변화로 인한 자연재해는 전 세계 경제와 금융 시스템에 커다란 영향을 미치고 있다. 이러한 그린 스완을 막기 위해서는 온실가스 감축과 기후위기 적응 방안을 지속적으로 모색하고 이행해야 한다. 대표적으로 기후변

1) BIS(2020). "The green swan: Central banking and financial stability in the age of climate change".

화 대응 자금이 올바른 곳으로 흐르게 하는 적절한 기후금융 구조를 구축하는 것이 중요하다. 기후금융은 저탄소 경제를 실현하기 위한 탈탄소화 자금 흐름을 유도하는 역할을 한다. 신기후체제하에서 기후변화 대응이 계획에서 이행으로 전환됨에 따라 선진국들은 이를 새로운 성장 기회로 보고 기후금융을 확대하고 있다. 또한, 기후변화 리스크를 금융기관의 대출 평가에 반영하도록 하는 기후변화 정보공시 의무 제도화도 추진되고 있다.

우리나라는 2021년 국내 112개 금융기관들이 '2050 탄소중립 달성을 위한 기후금융 지지 선언'을 통해 기후금융에 적극적으로 참여하겠다고 선언하며, 탄소중립 달성에 기여하겠다는 의지를 밝혔다.[2] 이를 통해 한국 금융기관들은 기후변화 대응에 있어 중요한 역할을 수행하며, 기후금융을 활성화하고 지속가능한 경제로의 전환을 지원하는 데 힘을 쏟고 있다.

기후변화를 중심으로 한 재정 지원 구조는 유엔 기후변화협약(UNFCCC)을 기반으로 하고 있다. 개발도상국의 기후변화 대응을 위해 선진국의 지원에 대한 합의는 2009년 덴마크 코펜하겐에서 열린 COP15로 거슬러 올라간다. 당시 선진국은 2020년부터 연간 1,000억 달러(약 100조 원) 규모의 장기 금융 지원을 개발도상국의 기후변화 대응을 위해 제공할 것을 약속했다. 이 약속은 이후 COP17에서 장기 재원 마련 및 금융 규모 확대를 위한 운영기구로 녹색기후기금(GCF) 설립을 구체화하는 결과로 이어졌다. GCF 설립은 기후금융을 확대하겠다는 국제사회의 의지를 보여줄 뿐만 아니라, '기후변화'와 '기후위기'를 독립적인 문제로 다루기 시작한 중요한 전환점을 의미한다.[3]

2) 그린피스. "IPCC 보고서: 기후변화에 대한 10가지 사실들"(https://www.greenpeace.org/korea/update/5888/blog-ce-ipcc-report-10facts-about-climate-change).

3) 외교부 홈페이지 "기후변화협상 유엔기후변화협약(UNFCCC) 채택" 내용 일부 발췌.

이후 2015년 파리협정 제2조 1항(c)(2.1c)에는 기후변화 대응에 있어 금융의 역할이 명확히 명시되었다. "온실가스 저배출 및 기후 탄력적 개발이라는 방향에 부합하는 금융 흐름을 조성한다"는 이 조항은 기후금융이 저탄소 경제와 기후 회복력을 위한 핵심적인 요소임을 확인해주고 있다. 이를 통해 선진국의 지원 의지와 규모가 더욱 구체화되었으며, 국제사회가 실효성 있는 기후변화 대응을 위한 기후금융의 중요성을 재확인하는 계기가 되었다.

[표 23] 기후금융의 개념과 범위

구분	정의 및 개념
기후금융 (Climate Finance)	· 온실가스 완화 및 기후변화 적응을 목표로 하여 저탄소·기후복원 개발과 직·간접적으로 연계된 금융활동을 의미 · 금융상품·역량강화·연구개발 등을 위한 금융 지원을 포함
녹색금융 (Green Finance)	· 환경금융이 물리적 환경요소에 초점을 두고 있는 반면 녹색금융은 환경과 경제성장을 동시에 추구하는 것을 목적으로 하고, 자원 및 에너지 효율 개선에 자금을 제공하여 저탄소 녹색성장을 지원
탄소금융 (Carbon Finance)	· 탄소 발생을 줄이는 사업이나 기업을 지원하는 금융으로 온실가스 배출권 시장과 연계된 금융활동을 의미하며 녹색금융의 한 분야로 볼 수 있음
환경금융 (Environmental Finance)	· 물리적인 환경 훼손을 방지하는 것을 목적으로 기업 경영에서 환경의 중요성을 강조하는 환경경영이 대두되면서 논의되기 시작
지속가능금융 (Sustainable Finance)	· 재무적 수익 이외에 ESG 관련 요소를 중점적으로 고려하는 금융활동으로, 기업의 사회적 책임(CSR)과 사회책임투자(SRI)의 이행 여부를 중요하게 고려 · 환경금융, 녹색금융, 기후금융, 탄소금융을 모두 포괄하는 개념

출처: 황현정(2018). "해외 주요기관의 기후금융 추진 현황 및 시사점".

OECD가 2022년 7월에 공개한 "2013~2020년 기후기금 동향보고서(Aggregate Trends of Climate Finance Provided and Mobilised by Developed Countries in 2013~2020)"에 따르면, 선진국이 개발도상국의 기후변화 대응을 위해 약속한 기후기금 지원액이 2020년에는 애초 목표였던 1,000억 달러에 미치지 못한 833억 달러로 집계되었다. 이는 2019년보다는 4% 증가한 수치이지만, 여전히 목표에 크게 못 미친다.

그러나 기후금융의 질적인 면을 살펴보면 문제가 더 뚜렷해진다. 공적개발원조(ODA)의 대체나 차관 형식의 기후금융 지원을 제외하면, 실질적인 지원금액은 245억 달러로 훨씬 낮아지며, 이는 개발도상국이 필요로 하는 기후변화 대응 자금보다 턱없이 부족한 수준이다. 이러한 상황은 선진국이 개발도상국을 지원하는 기후금융의 투명성과 효과성에 대한 문제를 제기하며, 더 나은 기후금융 구조와 지원 방식의 필요성을 시사한다.[4]

[그림 5] 2013~2020년에 제공 및 동원된 기후금융 규모

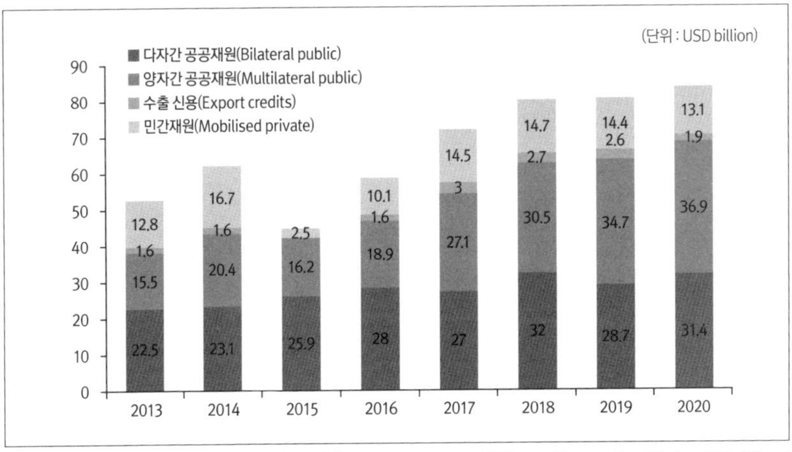

출처: OECD(2022) "Aggregate Trends of Climate Finance Provided and Mobilised by Developed Countries in 2013~2020".

4) 옥스팜(2023). "2023 기후금융 실태 보고서".

국제사회는 기후기금 조성 목표로 세운 1,000억 달러를 2020년까지 달성하지 못했지만, COP26 직전 이행계획서를 통해 지원 시기를 2025년으로 연장하여, 2020년부터 2025년까지 연평균 1,000억 달러를 지원하겠다고 약속했다. 이에 대해 마티아스 코만(Mathias Cormann) OECD 사무총장은 "2019년과 2020년 사이 기후금융이 성장했지만, … 더욱 많은 노력이 필요하다"고 강조했다.[5]

기후금융은 온난화와 관련된 온실가스 배출의 저감 목적을 위한 금융으로 좁게 정의될 수 있다. UN 기후변화협약 기후금융연구반(UNFCCC SCF)은 기후금융을 감축금융(mitigation finance)과 적응금융(adaptation finance)으로 세분하고 있다. 감축금융은 온실가스 배출 감축, 회피, 흡수, 저장을 목적으로 하며, 적응금융은 기후변화로 인한 생태계의 영향을 완화하고 복원하는 것을 목표로 한다.

OECD 보고서에 따르면, 2016년부터 2020년 사이 선진국이 제공하고 동원한 감축금융과 적응금융은 모두 절대적인 규모로 증가했다. 특히 2019년에서 2020년 사이 적응금융은 83억 달러(41%) 증가한 반면, 감축금융은 28억 달러(5%) 감소했다. 감축금융은 주로 에너지와 운송 부문에 집중되어 있으며, 2016년과 2020년 사이 기후금융의 46%를 차지했다. 반면, 적응금융은 상수도 및 위생 부문에 초점을 맞췄으며, 농업 및 어업 부문과 합쳐 전체 기후금융의 17%를 차지했다.

---

5) 대한민국 정책브리핑. "기후변화 재원, 2020년부터 연 1,000억 달러 되도록 조성" 내용 일부 발췌(https://korea.kr/briefing/actuallyView.do?newsId=148753727).

1.2 기후금융의 법적 개념, 그린 택소노미[6]

2021년 파리기후협약 발효 이후, 세계 각국은 기후변화 대응을 위해 탄소 배출 감축에 적극적으로 나서고 있다. 이로 인해 녹색경제 분야에 대규모 투자가 유입되고 있지만, 이러한 유입이 증가할수록 녹색위장행위, 즉 그린워싱(Green Washing)에 대한 우려도 커지고 있다. 그린워싱은 경제적·정치적 이득을 위해 실제로는 친환경적이지 않으면서 허위 정보나 과장된 정보를 활용해 친환경적인 것처럼 포장하는 행위를 의미한다.

이러한 그린워싱을 방지하고, 녹색경제와 관련된 활동을 객관적인 기준에 따라 엄격하게 정의하고 관리하기 위한 분류 체계가 바로 녹색분류기준, 즉 그린 택소노미(Green Taxonomy)이다. 그린 택소노미는 녹색 산업을 구분하는 기준으로, 특정 기술이나 산업 활동이 친환경적인지 여부를 판단하는 기준을 제공한다. 이를 통해 환경적으로 지속가능한 경제 활동을 분류하고, 지원하는 역할을 한다.

그린 택소노미는 기후금융에 대한 법적 정의로, 녹색경제와 기후금융에 대한 투자를 구체화하는 지침서로 활용된다. 이 분류 체계는 환경 목표에 부합하는 투자가 무엇인지에 대한 기준과 조건을 명시하고 있어, 기업과 투자자, 정책 입안자가 투자 활동을 계획할 때 참고할 수 있는 지침서 역할을 한다. 이를 통해 기후 목표에 맞는 경제 활동을 더욱 명확히 구분하고, 지속가능한 발전을 촉진하는 데 기여할 수 있다.

---

6) European Commission(2023). "Taxonomy: Final report of the Technical Expert Group on Sustainable Finance" 내용 일부 발췌.

[표 24] EU 그린 택소노미 6대 환경 목표와 4대 기본 원칙

6대 환경 목표	4대 기본 원칙
· 기후변화 완화(Mitigation) · 기후변화 적응(Adaptation) · 수자원과 해양자원의 지속가능한 이용과 보호 · 순환 경제로의 전환 · 오염 방지 및 통제 · 생물 다양성 및 생태계 보호와 복원	· 6대 환경 목표 중 하나 이상의 달성에 기여할 것 · 하나의 환경 목표에 기여하는 과정에서 다른 환경 목표에 심각한 위해를 끼치지 않을 것 (Do No Significant Harm, DNSH) · 최소한의 사회적 안전장치(Minimum Social Safeguard)를 지킬 것 · 기술 선별 기준(Technical Screening Criteria)에 부합할 것

출처: European Commission(2023). "Taxonomy: Final report of the Technical Expert Group on Sustainable Finance".

그린 택소노미(Green Taxonomy)에 따라 녹색금융으로 분류되려면 6개 환경 목표에 부합해야 한다. 이 목표는 기후변화 완화, 기후변화 적응, 물과 해양자원 보호, 사원의 지속가능한 사용 및 순환, 오염 방지, 그리고 생물 다양성 및 생태계 보호이다. 이러한 목표 중 하나에 기여하는 투자 프로젝트는 유럽연합(EU)이 정한 '심각한 위해를 끼치지 않는 활동(Do No Significant Harm, DNSH)' 또는 '최소한의 사회적 안전장치'를 준수해야 한다.

DNSH는 특정 환경 목표를 추구하는 과정에서 다른 환경 목표에 중대한 피해를 주지 않아야 한다는 원칙이다. 예를 들어, 기후변화 완화를 위한 활동이 생물 다양성을 해치거나 물 자원에 피해를 주어서는 안 된다는 의미이다. 또한, 최소한의 사회적 안전장치는 특정 활동이 사회에 이익을 주더라도 기본적인 인권, 노동권 등의 사회적 규범을 준수해야 한다는 원칙이다. 이는 기본적인 사회적 요건을 충족하는 동시에 지속가능한 발전을 이루기 위한 투자 프로젝트의 필수 요소로 작용한다.

2. 기후금융 현황

2.1 글로벌 기후금융 현황

글로벌 기후금융 시장은 UNFCCC SCF, 국제에너지기구(IEA), 기후정책이니셔티브(CPI)와 같은 기관들이 정보를 관리하고 있다. IPCC의 2022년 보고서에 따르면, 글로벌 기후금융은 UNFCCC SCF 기준으로 2013년 3,390억 달러에서 2020년 6,400억 달러까지 연평균 9.5%씩 성장했다. 이 기간에는 공공 기후금융이 중심이었지만, 파리협정 이후 민간금융이 빠르게 증가하면서 2020년 전체 기후금융 공급액 6,400억 달러 중 민간 기후금융이 3,400억 달러를 기록해 전체의 53%를 차지했다.

대표적인 공공 기후금융 제공기관으로는 세계은행(WB)을 비롯한 다자개발은행(MDB), 녹색기후기금(GCF), 양자금융지원기구, 공적수출신용기관(ECA) 등이 있다. 반면, 민간에서는 주로 다국적 금융기관과 투자사들이 기후금융을 제공하고 있으며, 이들이 기후변화 대응에 중요한 역할을 하고 있다.

본 장에서는 기후금융을 제공하는 대표적인 기관들을 소개한다. 세계은행그룹, 녹색기후기금(GCF), KfW(독일개발은행), UKEF(영국 수출신용기구), HSBC, BlackRock 등 주요 기관들이 각자의 역할을 통해 기후금융을 제공하고 있으며, 이를 통해 기후변화 대응과 지속가능한 발전에 기여하고 있다.

1) 세계은행그룹(WBG)

세계은행그룹(World Bank Group, WBG)은 1944년 브레턴우즈 체제(Bretton Woods Agreements)[7]에 근거해 설립된 유엔 산하 국제기구로, 주로 개발도상국에 금융과 기술을 지원하는 것이 목적이다. 다양한 부문에서 활동하며, 세계 경제의 안정성과 개발 촉진에 기여하고 있다. 세계은행그룹은 다음과 같이 5개 주요 기관으로 구성[8]되어 있다.

국제부흥개발은행(International Bank for Reconstruction and Development, IBRD)은 1945년 12월 27일에 설립된 기구로, 개도국의 경제개발 지원을 위

[그림 6] 세계은행그룹의 5개 주요 기관

출처: 세계은행그룹.

7) 제2차 세계대전 이후 1944년에 미국의 브레턴우즈 산장에서 열린 국제 통화 및 금융체제에 대한 협정으로, 주요 목적은 안정적이고 예측 가능한 국제 통화 및 금융 시스템을 구축하여 경제 불안을 최소화하고 국제 무역을 촉진하는 것이다. 이 체제는 국제통화기금(IMF)과 국제금융공사(IFC)를 만들어 이를 통해 국가들 간의 통화 교류와 경제적 안정을 촉진했으나, 1970년대 인플레이션, 미국 거시경제 정책 변화, 국제 거래 증가로 인한 환율 변동성 증가 등의 이유로 해체되었다.

8) 기획재정부 국제금융기구 정보시스템(https://ifi.moef.go.kr/job/organ/intro.do).

해 개발자금 융자, 개발계획 수립 등 자문 역할 수행을 목적으로 한다. 개발도상국에 대출과 보증 등의 금융 지원을 제공하며, 이를 통해 인프라 구축 및 경제 개발 프로젝트를 지원한다.

국제개발협회(International Development Association, IDA)는 저소득 국가에 대한 경제개발과 생산성 향상을 돕기 위해 1960년 9월에 설립된 기구로, 국가들에 장기 무이자 금융 지원을 제공하여 경제개발을 촉진하고 생활수준을 향상하고자 한다. 지원받는 국가들은 교육, 보건, 기반시설 구축 등의 분야에서 개발 프로젝트를 추진한다.

국제금융공사(International Finance Corporation, IFC)는 1956년 7월 24일에 설립된 기구로, 개도국의 경제개발 지원을 위해 개발도상국 민간기업에 대한 투자·융자 지원을 목적으로 한다. 민간 부문에서의 투자·융자 및 개발을 촉진하며, 기업들이 지속가능하고 포용적인 방식으로 경영하도록 지원한다.

국제투자보증기구(Multilateral Investment Guarantee Agency, MIGA)는 1988년 4월 12일에 설립된 기구이다. 개도국 외국인 직접투자와 관련한 비상업적 위험을 보증하여 개발도상국 회원국에 대한 투자를 촉진하는 것을 목적으로 두며, 투자에 대한 리스크를 감소시키기 위해 국제적으로 투자 보증을 제공한다.

국제투자분쟁해결센터(International Centre for Settlement of Investment Disputes, ICSID)는 1966년에 설립된 기구로, 국제 투자 분쟁의 중재를 담당한다. 관련된 분쟁이 발생했을 때 중립적이고 효과적인 중재를 제공하여 국제 투자의 안전성을 강화한다.

세계은행은 기후 및 재해 위험 선별 도구(Climate and Disaster Risk Screening Tool)를 활용하여 국가 정책 및 전략 수립, 사업 발굴 단계에서 기후나 재해 위험을 고려하고, 회복력을 구축하도록 장려하고 있다. 이 도구는 세계은행의 5대 기후변화 관련 공약 중 하나로, 개발 프로젝트, 정책 및 프로그램에서 단기 및 장기 기후위험을 식별하고 회복력을 구축하는 데 중요한 역할을 한다. 세계은행의 5대 기후 공약에는 ① 기후 및 재해 위험 선별, ② 온실가스(GHG) 회계, ③ 탄소 그림자 가격 계산, ④ 기후 공동 혜택, ⑤ 기후 지표가 포함된다.

기후 및 재해 위험 선별 도구는 프로젝트 설계 초기 단계에서 기후 및 재해 위험을 식별하여 회복력 측정을 사전에 통합함으로써, 프로젝트가 개발 목표를 달성할 수 있도록 돕는다. 이를 통해 개발 프로젝트가 기후변화와 재해 위험을 미리 파악하고, 이에 대한 대비책을 마련함으로써 지속가능한 발전을 하도록 지원한다.

이 도구는 두 가지 유형의 평가, 즉 심층 평가(In-Depth Assessment)와 신속 평가(Rapid Assessment)를 제공한다. 심층 평가는 현재와 미래의 기후 및 재해 위험에 대해 상세한 평가를 제공하며, 추가적인 지침이 필요한 경우에 적합하다. 반면, 신속 평가는 더 간단한 평가로, 이미 기후 및 재해 위험을 잘 인지하고 있거나 이에 대한 지식을 보유한 주체에게 적합하다.

(1) 기후변화 행동계획 2021~2025[9]

2021년 6월, 세계은행그룹은 기후변화에 대응하고 저탄소 전환에 취약한 개발도상국을 적극적으로 지원하기 위한 "기후변화 행동계획(Climate Change Action Plan) 2021~2025"을 발표했다. 이 계획은 COVID-19 팬데믹이라는 전례 없는 위기 속에서 개발되었으며, 세계은행의 고객 국가와 민간 부문 고객의 단기·장기적 요구를 해결하면서 기후금융을 가장 효과적인 방

9) https://openknowledge.worldbank.org/entities/publication/ee8a5cd7-ed72-542d-918b-d72e07f96c79.

[그림 7] "2021~2025 기후변화 행동계획" 한눈에 보기

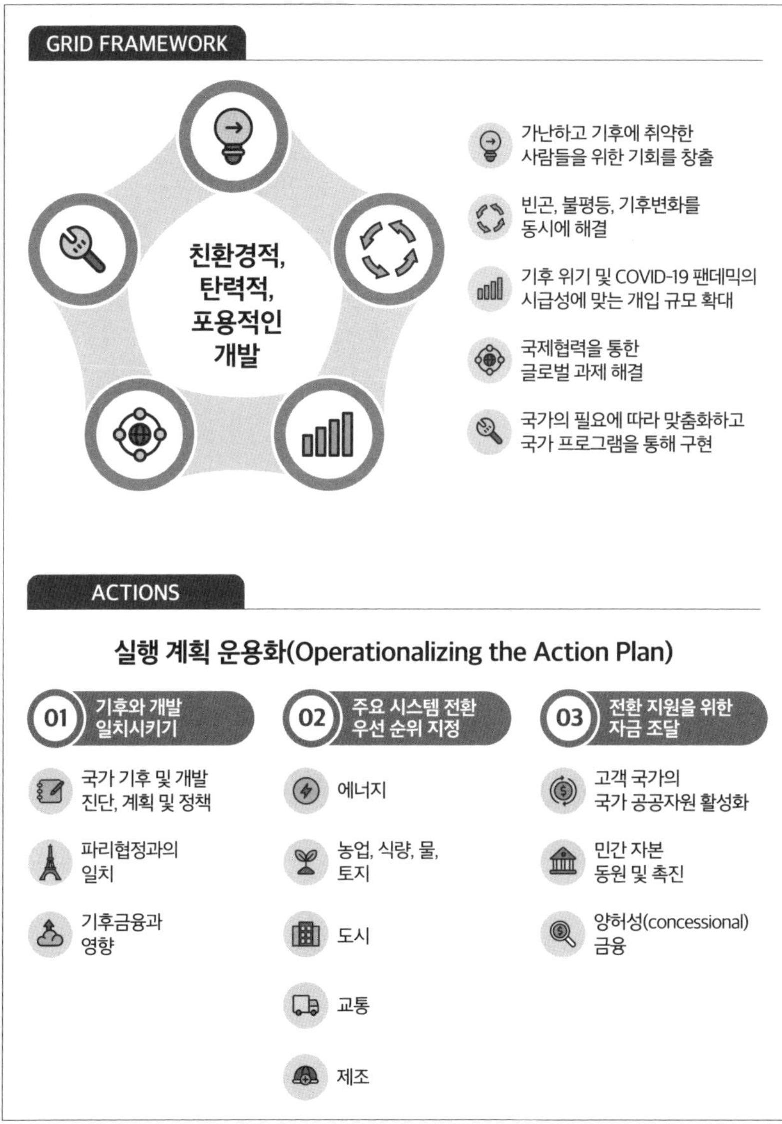

출처: 세계은행그룹. "2021~2025 기후변화 행동계획" 참조.

식으로 확대하는 것을 목표로 한다.

이 계획의 핵심은 최대 배출국이 온실가스 배출 곡선을 평탄화하고 하향 추세로 전환하는 동시에, 국가들이 회복력을 구축할 수 있도록 적응에 대한 자금 조달을 늘리는 것이다. 즉, 기후변화 완화와 적응을 동시에 고려한 지속가능한 발전을 지원하는 데 중점을 두고 있다. 기후금융을 통해 개발도상국의 회복력을 높이고, 저탄소 전환을 촉진하는 데 기여하는 이 계획은 기후변화 대응을 위한 중요한 전환점으로 평가된다.

이번 세계은행그룹의 기후변화 행동계획(Climate Change Action Plan)에서, 세계은행은 기후금융을 기존 25%에서 35%로 확대하기로 했다. 이는 약 210억 달러(한화 약 23조 원) 규모에 해당한다. 이러한 기후금융 확대는 단순히 자금 조달을 늘리는 것뿐만 아니라 온실가스 배출에 대한 보조금 감축과 함께, 각국이 국가 기후 및 개발 보고서를 마련하도록 지원하는 것을 포함하고 있다.

또한, 재정 관리를 파리협정 목표와 일치시키는 것을 목표로 하고 있다. 이는 기후변화 완화와 적응의 과정을 더욱 효과적으로 이행할 수 있도록, 각국의 재정 정책과 개발 전략을 기후변화 목표에 맞춰 조정하는 데 중요한 역할을 한다. 이를 통해 세계은행은 기후변화 대응을 위한 장기적이고 지속가능한 발전을 지원하는 데 중점을 두고 있다.

(2) 세계은행 민간 분야 투자연구소(PSIL)

세계은행 민간 분야 투자연구소(Private Sector Investment Lab, PSIL)는 블랙록의 CEO 래리 핑크(Larry Fink)를 포함해 AXA, HSBC 같은 대규모 금융회사 수장들과 기후행동단체 대표 등 총 15명으로 구성되어 있다. PSIL은 개발도상국의 에너지 인프라 구축을 위한 전환금융을 확대하는 데 중점을 두며, 필요한 자금을 조달하기 위한 다양한 방안을 모색하고 있다. 또한 투자자 간의 위험 배분, 균형 조성, 민간 투자 촉진을 위한 파트너십 구축 등을 통해 신흥시장에서의 투자 활성화를 도모한다. 이 기관의 구성원들은 개발도상국과 신흥시장에서 자금 조달과 투자 경험이 있는 민간금융 및 기업 리더들을 영입하여, 글로벌 기후금융의 효율성을 높이는 데 기여하고 있다.

특히, 신흥시장에 대한 지속가능한 투자가 지난 10년 동안 거의 없었던 상황에서 2022년 2,500억 달러로 급증한 것을 고려하면, PSIL의 출범은 기후 투자가 중요한 전환점(pivotal)을 맞이한 시점에 이루어진 것이다. PSIL의 공동 의장이자 UN 기후 행동 및 금융 특사인 마크 카니(Mark Carney)는 신흥국과 개발도상국에 대한 투자가 현재의 4배 규모로 확대되어야 한다고 강조하며, 기존 방식만으로는 효과가 없을 것이라고 지적했다. 그는 공공 기관이 민간금융을 더 적극적으로 동원해야 하며, 민간금융이 개발 파트너와 협력해 혼합된 금융 수단을 만들어 빠르게 확장해야 한다고 주장했다.[10]

아제이 방가(Ajay Banga) 세계은행 총재는 2023년 11월 COP28에서 열린 비즈니스 포럼에서 PSIL이 신흥국의 기후 목표에 투자자들이 대규모로 투자할 수 있도록 'OTD 모델(Originate-To-Distribute)' 개발에 중점을 두고 있다고 밝혔다. 이 모델은 기후 투자를 증대시키기 위해 신흥국에서 증권화 가능한(securitizable) 자산 계층을 구축하는 것을 목표로 한다. 그는 이러한 증권화를 통해 기후금융을 더 효율적으로 확대하고, 투자자들이 더욱 안정적으로 신흥국에 투자할 수 있는 기반을 마련하는 것이 중요하다고 강조했다. OTD 모델은 프로젝트를 기획하고, 그 자산을 분산하여 글로벌 투자자들

10) "세계은행, 기후대응 민간자금 유치 위한 금융모델 개발". ESG경제(2023. 12. 4)(https://www.esgeconomy.com/news/articleView.html?idxno=5333).

에게 배포하는 방식으로, 기후 투자를 증대시키고 민간금융의 적극적인 참여를 유도하는 데 중요한 역할을 할 것으로 기대된다.[11]

2) 독일개발은행(Kreditanstalt für Wiederaufbau)[12]

(1) 개요

독일 정부가 운영 중인 KfW(Kredittanstalt für Wiederaufbau)는 1948년 제2차 세계대전 이후 독일 경제를 재건하고 마샬 원조 자금을 관리하기 위해 설립된 공적 금융기관이다. 주택 공급, 중소기업, 수출입, 해외 투자, 개발 원조 등의 분야에서 자금을 지원하는 역할을 하며, 한국의 수출입은행 및 산업은행과 유사한 기능을 수행한다. 본사는 프랑크푸르트에 위치해 있으며, 베를린과 본에 지사를 두고 있다.

KfW는 독일 경제 발전과 밀접하게 연관되어 있다. 설립 초기에는 서독의 재건을 위해 생활필수품, 주택 건설, 원자재 제조 등에 필요한 원조 자금을 투입했다. 1960년대 이후에는 독일 산업 발전과 더불어 개발도상국 지원으로 국제사회에서의 역할을 확대하기 시작했다. 1990년 독일 통일 과정에서는 동독 지역에 대규모 자금을 지원하여 주택 현대화, 산업 투자, 공공 부문 투자, 중소기업 지원과 인프라 확충에 기여했다.

2000년대에 들어서면서 KfW는 산업 개발 촉진, 교육 및 수출 지원의 기능을 확장하며 재생에너지 개발을 중요한 축으로 삼고, 에너지 효율성 향

---

11) "World Bank focuses on securitisation to scale up climate financing". The Economic Times (2023. 12. 4)(https://economictimes.indiatimes.com/news/international/world-news/world-bank-focuses-on-securitisation-to-scale-up-climate-financing/articleshow/105708454.cms?from=mdr).

12) KfW 홈페이지 내용 발췌 및 정리(https://www.kfw.de/kfw.de.html).

상과 난방 전환 프로젝트를 추진했다. KfW는 앞으로도 독일 내 지속가능성, 혁신 및 디지털화를 주요 과제로 삼고 있으며, 유럽 국가 간 협력 강화에도 중점을 두고 있다.

(2) 자금운영 및 인증제도

KfW는 연방정부가 지분의 80%, 주정부가 20%를 보유한 정부 소유 은행이다. 연방정부가 모든 부채에 대해 명시적인 보증을 제공하므로 KfW는 최고 신용등급(AAA)을 유지하며 매우 낮은 금리로 자금을 조달할 수 있다. 또한 배당금 지급이 법적으로 금지되어 있으며, 법인세 또한 면제된다. 이로 인해 KfW는 모든 수익을 자본 재투자 및 새로운 개발 프로젝트에 재투자하는 방식으로 운영된다.

2023년 기준 KfW의 자산 규모는 약 5,607억 유로(한화 약 821조 3,750억 원)에 달한다. KfW는 수출 및 프로젝트 금융을 담당하는 자회사 KfW IPEX-Bank를 통해 독일 기업의 국제 무역과 수출을 지원하며, 교통, 에너지, 통신 등 다양한 분야의 대규모 인프라 프로젝트에 대한 금융을 제공하고 있다. 또한 KfW는 유엔의 2030 아젠다와 지속가능한 개발 목표(SDGs) 달성을 목표로 다양한 금융 및 지원 서비스를 제공하고 있다.

KfW는 2023년에 발행한 녹색 채권(Green Bonds)을 통해 조달한 12.9억 유로 전액을 기후변화 완화 프로젝트에 투입하며, 지속가능한 발전을 위한 노력을 이어가고 있다.[13] KfW는 2019년 말 기준으로 약 226억 유로 규모의 녹색 채권 포트폴리오를 보유하고 있다. 이는 독일뿐만 아니라 전 세계적

13) KfW는 12.9억 유로의 71.5%를 에너지 효율성(Energy Efficiency) 프로젝트에, 27.1%를 재생 가능 에너지(Renewable Energy) 프로젝트에, 그리고 나머지 1.5%는 지속가능한 교통(Sustainable Mobility) 프로젝트에 투입했다.

으로도 가장 큰 녹색 채권 발행 주체 중 하나로 평가받고 있다. KfW는 지속가능한 발전을 목표로 삼아 환경 친화적인 프로젝트에 많은 비중을 두고 있다. 특히 재생 가능 에너지 프로젝트, 에너지 효율성 개선, 저탄소 인프라 프로젝트에 대한 금융 지원을 꾸준히 확대하고 있다. 이러한 금융 지원을 통해 KfW는 기후변화 대응과 지속가능한 경제 전환을 위한 중요한 역할을 수행하고 있다.

KfW는 감독이사회와 집행이사회라는 이중 이사회 체제로 운영된다. 감독이사회는 운영위원회, 보상위원회, 리스크 및 신용위원회, 감사위원회 등 다양한 산하 위원회를 두고 있으며, 이들은 KfW의 경영과 자산 관리를 감독하는 역할을 맡는다. 한편, 집행이사회는 감독이사회로부터 권한을 위임받아 경영과 관련한 구체적인 의사결정을 내린다. 이러한 이중 이사회 구조는 KfW의 경영 투명성과 책임성을 강화하는 데 중요한 역할을 한다.

(3) KfW의 대표 프로젝트

KfW는 100개 이상의 국가에서 다양한 프로젝트를 진행하며 각국의 지속가능한 발전을 지원하고 있다. 대표적인 프로젝트 사례는 다음과 같다.

① 남아프리카의 공정한 에너지 전환 프로젝트

남아프리카 공화국은 전력의 80%를 석탄 발전에 의존해온 결과, 세계에서 가장 높은 탄소 배출국 중 하나로 손꼽혀 왔다. 이에 따라 남아프리카 정부는 2030년까지 온실가스 배출량을 350~420메가톤으로 줄이기 위한 국가별 온실가스 감축목표(NDC)를 설정하고 있다.

KfW는 사하라 이남 아프리카 전역에서 재생 가능 에너지 프로젝트를 선도하고 있으며, 남아프리카 공화국의 공정한 에너지 전환을 지원하는 'Just

Energy Transition Partnership(JETP)' 프로젝트에 참여하고 있다. 독일, 유럽연합, 프랑스, 미국, 영국 등이 참여하는 JETP를 통해 KfW는 2027년까지 최대 85억 달러(한화 약 11조 1,520억 원)를 지원할 예정이다. 이 프로젝트는 남아프리카의 전력 시장 개혁, 직업 교육 및 훈련 등을 지원하며, 재생 가능 에너지와 그린 수소 개발을 촉진하고 기후변화 대응을 강화하는 데 중점을 두고 있다.

이 프로젝트는 대규모 태양광, 풍력, 수력 발전 프로젝트를 포함하고 있다. 대표적으로 KfW는 아프리카개발은행(AfDB)이 주도하는 'Desert to Power' 이니셔티브에 자금을 지원하고 있다. 이 이니셔티브는 사헬 지역의 태양광 잠재력을 활용해 세계 최대의 태양광 에너지 생산 구역을 만들고자 하며, 재생 가능 에너지의 대규모 확장과 석탄 산업 종사자의 일자리 전환 지원, 녹색 수소 생산의 산업적 도입을 목표로 한다. 2030년까지 10기가와트(GW)의 태양광 발전 용량 구축과 분산형 에너지 솔루션을 통해 전력 접근성을 개선하는 것이 목표다.

② 방글라데시 재생 가능 에너지 프로그램

방글라데시의 재생 가능 에너지 프로그램(Renewable Energy Programme, REP)은 독일 연방 경제 협력 개발부(BMZ)의 주관하에 방글라데시 인프라 개발 회사(IDCOL)와 협력하여 진행되는 중요한 프로젝트이다. 이 프로그램은 방글라데시의 전력 공급 문제를 해결하고 지속가능한 에너지 생산을 확대하기 위해 설계되었다.

방글라데시는 지난 10년 동안 전력 생산 능력을 세 배로 늘렸지만, 여전히 신뢰할 수 있는 전력 공급이 부족하다. 특히 농촌 지역에서는 전력 공급이 불충분하여 기업들이 잦은 정전으로 인해 큰 어려움을 겪고 있다. 이에 따라 방글라데시 정부는 경제 성장을 지속하면서 재생 가능 에너지 생산을 확대하려고 노력하고 있다.

이 프로젝트의 주요 목표는 세 가지로 나뉜다. 첫째, 기업들이 지붕에 태양광 패널을 설치해 지속가능한 전력을 생산하고 이를 전력망에 공급하도록 유도하는 것이다. 둘째, 태양광 펌프를 설치해 농업 생산성을 높이고, 농촌 지역의 전력 공급 문제를 해결하는 것이다. 셋째, 바이오가스 플랜트를 설치해 에너지 공급을 다변화하고, 동시에 폐기물 관리 문제도 해결하는 것이다.

KfW는 독일 연방 정부의 위임을 받아 자금을 지원하며, IDCOL과 협력해 이 프로젝트를 추진한다. 6천만 유로(한화 약 879억 원)의 저금리 대출을 통해 방글라데시 최초의 상업용 태양광 지붕 프로그램에 자금을 지원하며, 850만 유로(한화 약 124억 원)의 보조금은 태양광 관개 시스템과 바이오가스 플랜트의 자금 지원에 사용될 예정이다. 또한, 기술적·경제적·사회적·환경적 기준을 준수하기 위해 150만 유로(한화 약 22억 원)의 추가 지원도 계획되어 있다. 이를 통해 신기술 도입 시 조기에 기준이 준수되도록 보장할 것이다.

3) 영국수출신용기구(UKEF)

(1) 개요

영국수출신용기구(UK Export Finance, UKEF)는 1919년에 설립된 영국 정부의 공적 수출신용기관(Export Credit Agency, ECA)으로, 영국 기업이 국제 무역에서 자금을 확보하는 데 필요한 금융 지원을 제공하는 공공기관이다. UKEF는 영국 내 다양한 산업의 수출 경쟁력을 높이기 위해 정책금융을 제공하는 역할을 한다. 주요 임무는 영국 기업이 적절한 금융 자원을 확보하지 못해 수출 기회를 놓치지 않도록 보증, 대출, 보험 등의 금융 서비스를 제공하는 것이다.

UKEF는 국제 거래에서 발생할 수 있는 상업적·정치적 위험에 대한 보험을 제공하여 영국 기업들이 해외 시장에서 경쟁력을 확보할 수 있도록 돕는다. 또한, 해외 바이어들이 영국 수출품을 구매할 수 있도록 직접 대출을 제공하거나 금융기관과 협력해 수출 프로젝트에 자금을 공급하는 역할을 한다. 본사는 런던에 있으며, 영국 정부의 무역부 산하기관으로 운영된다.

(2) 자금운영과 서비스

UKEF는 다양한 금융 상품을 제공하며, 영국 기업이 국제무대에서 경쟁력을 갖출 수 있도록 돕는다. 주요 서비스는 다음과 같다.

① 수출신용보증(Export Credit Guarantees) : 영국 기업이 수출 시 발생할 수 있는 상업적 또는 정치적 리스크를 보호해주는 보험 역할을 한다.

② 수출대금 대출(Export Loans) : UKEF는 영국 기업이 수출 계약을 이행할 수 있도록 자금을 지원하며, 대출의 상환 리스크는 UKEF가 보증한다.

③ 직접 대출(Direct Lending Facility) : 해외 바이어가 영국의 제품 및 서비스를 구매할 수 있도록 직접 대출을 제공한다. 이러한 방식은 자금 조달을 용이하게 하고, 영국 기업의 수출을 촉진한다.

④ 보증지원제도(Bond Support Scheme) : 수출 계약 이행에 필요한 보증 발행 시, 금융기관의 리스크를 분담해줌으로써 수출을 더욱 원활히 진행할 수 있도록 돕는다.

2022년 기준으로 UKEF는 61개국에 걸쳐 약 74억 파운드(한화 약 12조 6,200억 원) 규모의 수출을 지원했다.

최근 UKEF는 영국 정부의 2050년 탄소중립 목표에 발맞추어 화석연료 관련 프로젝트에 대한 금융 지원을 중단하고, 지속가능한 녹색 에너지 프로젝트에도 집중하고 있다. UKEF는 특히 재생 가능 에너지와 저탄소 인프라 프로젝트에 자금을 집중하고 있다. 이는 영국 기업들이 글로벌 기후변화 대응 노력에 기여하는 기회를 제공한다.

UKEF는 '녹색 청정 이니셔티브(Clean Green Initiative)'를 통해 개발도상국에서 지속가능한 인프라 프로젝트를 지원하고 있으며, 이러한 활동은 국제적인 지속가능한 발전 목표(SDGs) 달성에도 기여하고 있다. UKEF는 유엔의 2030년 아젠다와 SDGs를 지원하며, 녹색기술과 인프라에 대한 금융 지원을 점차 확대하고 있다.

(3) UKEF의 대표 프로젝트[14]

UKEF는 전 세계에서 다양한 인프라와 에너지 프로젝트를 지원하고 있는데, 그중 하나로 튀르키예 고속철도 건설 프로젝트에 6억 8천만 파운드(한화 약 1조 2천억 원)를 지원하고 있다. 이 프로젝트는 튀르키예의 교통 인프라를 현대화하고 경제 성장을 촉진하는 데 중요한 역할을 할 것으로 기대된다. 앙카라와 이즈미르를 연결하는 503km 길이의 고속철도 노선은 시속 250km 이상의 속도로 두 도시 간 이동 시간을 14시간에서 3시간 30분으로 단축할 예정이다. 이 프로젝트는 건설 과정에서 수천 개의 일자리를 창

14) "UK backs £680m loan guarantee for new high-speed electric railway in Turkey". GOV.UK(2023. 7. 24)(https://www.gov.uk/government/news/uk-announces-680m-for-new-high-speed-electric-railway-in-turkey).

출하고, 물류 및 관광 산업을 활성화하는 동시에 연간 15만 7,000톤의 탄소 배출을 절감하는 등 환경보호에도 기여할 것으로 전망된다. UKEF는 영국 기업들이 프로젝트에 참여할 수 있도록 자금 보증과 지원을 제공해 영국의 기술과 전문성이 튀르키예 인프라 개발에 기여할 수 있도록 돕는다.

또한, UKEF는 한국무역보험공사(K-SURE)와 협력하여 글로벌 프로젝트 수주를 위한 정책 금융과 지원망을 강화하고 있다. 양 기관은 해상풍력 구조물 공장 건설 프로젝트에도 약 2,140억 원을 공동 지원한 바 있다. 이러한 협력은 한국 기업들이 해외 프로젝트를 수주할 수 있는 금융 네트워크를 확장하는 데 중요한 역할을 하고 있다. 이 두 사례는 UKEF가 국제 인프라 개발과 녹색 에너지 전환을 촉진하며, 글로벌 경제에 어떻게 기여하고 있는지를 잘 보여준다.

4) 홍콩상하이은행(HSBC)[15]

(1) 개요

HSBC(Hongkong & Shanghai Banking Corporation)는 기후금융 업무를 수행하는 대표적인 상업은행으로, 기존의 금융업무와 연계하여 그린본드 발행, M&A, 주식 및 채권 발행, 프로젝트 파이낸싱(PF) 및 수출 금융 등 다양한 금융상품에 기후금융을 접목시키고 있다.

HSBC는 1865년 아시아와 서양 간 무역금융 업무를 처리하기 위해 홍콩에서 설립되었으며, 현재 67개국에 진출한 글로벌 종합금융회사이다. 1992

15) HSBC 홈페이지 "Financing net zero" 내용 일부 발췌(https://www.hsbc.com/who-we-are/our-climate-strategy/financing-net-zero).

년 영국의 미들랜드 은행(Midland Bank)을 인수하며 본사를 영국 런던으로 이전했다. HSBC는 1950년대부터 인수합병(M&A)을 적극적으로 활용하여 2000년대 초반까지 확장을 추진해왔으나, 2011년 5월 이후 글로벌 금융위기로 인해 사업 구조조정을 시작하였다. 현재 HSBC는 '글로벌 네트워크 개발'과 '대규모 시장에서의 자산관리 및 개인 금융 서비스 투자'라는 두 개의 축을 중심으로 글로벌 장기 전략을 수립·운영 중이다.

(2) 자금운영 및 서비스

2000년대 이후, HSBC는 기후금융을 넘어 지속가능금융(Sustainable Finance)에 대한 관심을 확대하며 준비를 시작했다. 특히, 천만 달러 이상의 개발 프로젝트가 환경을 파괴하거나 해당 지역 주민의 인권을 침해할 경우 투자하지 않겠다는 금융기관들의 자발적 협약인 '적도원칙(Equator Principle)'에 2003년 초기 서명 멤버로 참여한 후, 지속가능한 금융 시장의 발전과 혁신을 추진해왔다.

2007년, HSBC는 고객의 기후변화 대응을 돕기 위해 'HSBC Climate Change Center of Excellence'를 설립해 기후변화가 경제와 산업에 미치는 영향, 기후정책, 2°C 목표 달성을 위한 금융 지원에 관한 연구 및 분석을 시작했다. 2015년 파리협정이 채택되면서 HSBC는 기후변화를 심각한 위협으로 인식하고, 저탄소 경제를 위해 본격적으로 금융지원을 강화했다.

2015년 12월, HSBC 프랑스 법인은 처음으로 그린본드를 발행했으며, 2017년 11월에는 민간기관 중 최초로 지속가능개발채권(SDG Bond)을 발행했다. 2015년에 발행된 5억 유로 규모의 그린본드는 국제기후환경연구센터(CICERO)로부터 최고 등급(Dark Green)을 획득했다. 그린본드로 조달한 자금은 재생에너지, 에너지 효율성, 지속가능한 수자원 관리, 친환경 건물 및 교통, 기후변화 적응 프로젝트에만 투자되었으며, 2년 내 재생에너지(82%), 지속가능한 폐기물 관리(10%), 에너지 효율성(8%) 분야에 대규모 자금을 PF 및 대출 형태로 공급하며 기후금융 실천에 앞장섰다.

(3) HSBC의 대표 프로젝트

2017년 12월, HSBC는 유엔 지속가능개발목표(SDG)에 맞춘 10억 달러 규모의 SDG 채권을 발행했다. 이 채권은 그린본드와 마찬가지로 투자 프로젝트의 선택, 평가, 운영 과정에서 동일한 절차를 따르지만, 자금 사용처의 범위는 그린본드보다 훨씬 넓다. SDG 채권의 자금은 ① 교육 및 헬스케어, 수질관리 및 위생 접근성 향상, ② 재생에너지 사용 확대, ③ 지속가능한 도시 및 교통 시스템 구축, ④ 지역사회의 기후변화 적응 프로젝트 등 다양한 분야에 지원된다.

HSBC는 그린본드 발행을 시작으로 에너지 및 인프라 기업을 대상으로 M&A, IPO, 채권 발행, PF 및 수출금융 등 다양한 방식으로 금융 지원을 진행해왔다. 예를 들어, 에넬 그린 파워(Enel Green Power)의 인도 재생에너지 기업 BLP(Bharat Light & Power) 지분 인수에 자문을 제공했고, 중국 Singyes Solar Technologies의 전환사채 발행 시 투자자 모집을 담당했다. 또한 덴마크의 스리랑카 낙농업 향상 프로젝트에도 자금을 지원했다.

HSBC는 2017년 11월, ① 2025년까지 천억 달러 규모의 지속가능 금융 및 투자 실행, ② 2030년까지 전력의 100%를 신재생에너지로 충당, ③ 발전용 석탄에 대한 노출 감소, ④ '기후변화와 관련된 금융정보 공개를 위한 태스크포스(TCFD)' 권고사항 채택, ⑤ 지속가능 금융과 투자 관련 논의 주도를 목표로 발표했다. 그러나 행동주의 투자 단체들은 HSBC의 기후 및 지속가능 금융 목표가 모호하고 광범위하다고 비판했다. 셰어액션(Share

Action)은 HSBC의 지속가능 금융에 대한 구체적 이행 계획이 부족하다며 그린워싱 가능성을 지적했다.

2023년 셰어액션이 발표한 보고서에서는 HSBC를 비롯한 유럽 은행들이 녹색금융과 관련된 정보 공시가 부족하다는 점을 강조했다. 특히, 20대 주요 은행 중 바클레이즈, BNP 파리바, ING, 인테사 상파울로만이 녹색금융 이행에 대한 정보를 공개했다. 이 같은 비판은 금융기관들이 더 명확하고 투명하게 기후 목표를 달성하도록 방향성을 조정하는 중요한 역할을 한다.

2021년에는 15개 기관투자자 그룹과 177명의 개인투자자들이 HSBC에 화석연료 감축목표 설정을 촉구했다. 이에 HSBC는 석탄 금융을 단계적으로 중단하고, 2022년에는 새로운 석유 및 가스 매장지 개발에 대한 투자를 중단하겠다고 발표했다. 이러한 금융기관들은 기후변화에 대응하는 중요한 역할을 하고 있으며, 지속적인 감시와 견제는 이들이 인류의 공동 목표를 달성하도록 돕는 필수적인 요소로 작용한다.

5) 블랙록

(1) 개요

1988년에 설립된 블랙록(BlackRock)은 미국에 본사를 둔 세계 최대의 자산 운용 회사로 2023년 기준 관리 중인 자산이 10조 달러(약 1경 3천조 원) 이상으로 추산된다.

블랙록이 세간의 주목을 본격적으로 받은 것은 2020년 CEO인 래리 핑크(Larry Fink)가 투자자들에게 보내는 서한에서 투자에 대한 결정을 내릴 때 환경의 지속성을 핵심 목표로 삼겠다는 내용이 포함되면서부터이다. 기존에 유엔을 중심으로 활용되던 개념인 ESG(환경, 사회, 거버넌스) 개념을 적용한 것이다. 그는 석탄 생산기업을 포함해 환경에 '높은 위험'이 있는 기업에 대해서는 더 이상 투자하지 않을 것이라고도 밝혔다. 이후 전문가는 물론, 투자자와 정치인 등 글로벌 경제의 주요 이해관계자들은 ESG가 전 세계가 함께하는 거대한 변화의 흐름이라는 데 의견을 모았다. 실제로 세계 다수의 기업이 ESG 흐름에 동참했고, 국제회계기준(IFRS)까지 움직였다. ESG 성과를 보여주는 지표를 재무 성과와 같이 표준화하겠다는 것이다.

이후 ESG는 끊임없는 도전을 받았다. 특히 산업계 이익을 대변하는 미국 공화당을 중심으로 집요하게 ESG에 대한 공격이 전개되면서, 사업에 대한 비판을 넘어 래리 핑크 개인에 대한 사적인 공격과 협박으로까지 이어졌다. 그는 2023년에 반대 운동이 전개되면서 과도하게 정치화되어버린 ESG를 더는 언급하지 않겠다고 선언했다. 하지만 그는 ESG 용어를 쓰지 않는다고 해서 ESG 투자를 멈추는 것은 아니라고 설명하며 "환경과 기업의 지배구조 관련 문제를 해결하려는 기업들과 지속적으로 소통하겠다"는 여지를 남겼다.[16]

(2) 핵심 투자 포트폴리오

블랙록은 2024년 7월에 매우 엄격한 기후투자 지침인 '기후·탈탄소화 스튜어드십 가이드라인(Climate and Decarbonization Stewardship Guidelines, CDSG)'을 공개했다.[17]

---

16) "블랙록, ESG 포기를 선언하다." ESG.ONL(2023. 12. 21)(https://www.esgonl.kr/article/pmDetail?idx=14).

17) "세계 1위 자산운용사 블랙록, 반ESG 공세에도 더 엄격한 기후투자 정책 공개". greenium(2024. 7. 11)(https://greenium.kr/news/53054).

유럽 내 83개 펀드에 적용되는 동 지침은 금액으로는 1,500억 달러(207조 원)에 달하는 규모의 투자활동에 이른다. 신규 지침의 몇 가지 특징은 다음과 같다. 첫째, 포트폴리오의 평가 기준 변화인데, 기존 지침은 기후대응과 전환을 중요하게 고려하나 여전히 재무 실적에 중점을 두는 반면, 신규 지침은 재무 실적과 탈탄소화 목표를 모두 평가 대상으로 한다. 구체적으로 지구 평균기온 상승 폭을 산업화 이전 대비 1.5℃ 이내로 억제하는 목표와 회사의 사업모델이 일치하는지 평가한다. 둘째, 기존 지침은 Scope 1과 Scope 2 배출량에 대해서만 공시를 요구한 반면, 신규 지침에는 Scope 3까지 공시 대상에 포함하고 있다. 셋째, 감축목표의 설정과 검증의 경우 '과학기반 감축목표 이니셔티브(SBTi)'의 정의에 따른 감축목표 설정과 검증이 의무화된다.

사실 이번 조치에 해당하는 액수는 블랙록의 전체 자산운용 규모의 1.43%에 불과하지만 추후 아시아태평양 지역의 펀드와 계좌들로 확대될 예정이고, 무엇보다 반ESG 공세가 거센 상황에서 발표되었다는 점에서 주목할 만하다. ESG 열풍을 이끌었던 블랙록이었지만, 미국 산업계와 공화당의 반ESG 캠페인으로 거액의 투자금이 빠져나간 경험을 했기 때문에, 블랙록에선 ESG 대신 '지속가능성(sustainability), 기후 회복탄력성(climate resilience), (화석연료로부터의) 전환(transition)' 등의 용어를 사용하고 있다.[18]

이러한 블랙록의 움직임은 2023년부터 시작되었다. 블랙록은 "2024년 민간시장보고서(2024 Private Market Outlook)"에서 △저탄소 인프라, △민간채무, △민간 부문(디지털), △부동산시장 재편 등 새로운 투자 기회를 제공하는 4대 메가 동력(Mega forces)을 발표했다. 특히 저탄소 경제로 전환하기 위

18) 위의 글.

해 에너지 시스템을 전력화(electrification)로 재편하기 위한 자원 재분배를 강조했다. 블랙록은 에너지 시스템에 대한 자본 투자가 현재 2조 달러에서 2050년까지 연평균 4조 달러로 증가할 것으로 예측했고, 2050년까지 전 세계 전력 에너지의 약 70%는 저탄소 에너지원으로 구성될 것으로 보고 있다.

이처럼 저탄소 경제로의 전환은 투자 기회인 동시에, 투자와 리스크를 바라보는 새로운 시각이기도 하다. 전환 자체가 매우 크기 때문에 이를 활용하려면 비용의 변화, 기술의 방향성, 가치사슬 내 각 부문의 역학 관계가 어떻게 변하고 있는지에 대한 명확한 관점이 필요함을 블랙록은 강조한다. 아울러 탈탄소화 솔루션 외에도 기후탄력성, 기후위험에 대한 준비 및 적응, 기후 관련 피해 후 재건에 대한 투자 기회도 언급했다(Blackrock, 2024).[19]

나아가 블랙록은 2022년 운송, 에너지 부문에 중점을 두는 핵심 개방형 인프라 주식형 펀드인 '에버그린 인프라 파트너스 펀드(Evergreen Infrastructure Partners Fund)'를 런칭하여 약 10억 달러(약 1조 3,170억 원)를 조달했다. 이 그린 펀드는 주로 에너지 전환, 에너지 안보 테마에 맞춰 유럽 및 북미 인프라 사업에 투자하는 데 중점을 두고 있는데, 2024년 태양광과 배터리 저장 프로젝트 38개로 구성된 포트폴리오를 재생에너지 투자회사인 '엑셀시어 에너지 캐피탈(Excelsior Energy Capital)'로부터 인수한 바 있다(임팩트온, 2024).

19) BlackRock(2024). "2024 Private Markets Outlook)".

3. 개발도상국 기후금융 사례

3.1 인도[20]

세계 3위 탄소 배출국인 인도 정부는 'LiFE-환경을 위한 생활 방식(Lifestyle for Environment)'을 기후변화를 방지하기 위한 풀뿌리 운동으로 소개하고, 건강하고 지속가능한 생활 방식을 전파하며 동시에 환경 친화적인 발전을 위한 조치를 강화했다. 이 운동은 소비자와 커뮤니티를 행동 변화로 유도해 환경 친화적 활동을 장려하고, 지속가능한 생활 방식을 전파하는 것을 목표로 하고 있다. 이를 촉진하기 위해 인도 정부는 시장 기반 메커니즘을 활용하고자 하는 시도를 하고 있다.

인도 환경산림기후변화부(The Ministry of Environment, Forest and Climate Change, MoEFCC)는 2023년 6월 25일 '그린 크레딧 프로그램(Green Credit Program, GCP)' 시행 초안을 발표했으며, 2023년 10월 12일 '그린 크레딧 규정(Green Credit Rules)'을 공식 발표했다. 이러한 움직임은 그린 크레딧을 통해 자발적인 환경 행동을 장려하고자 하는 시장 기반 접근 방식을 도입하려는 시도이다. GCP는 이해관계자들이 녹색 크레딧을 구매하고 판매할 수 있는 플랫폼을 구축하는 것을 목적으로 하며, 기업들이 환경 보호법에 따른 탄소 크레딧 프로그램을 시행하도록 유도한다. 소규모 이해관계자부터 지방자치단체, 민간 부문, 산업 등 다양한 주체들이 법적 틀에 따라 환경에

20) 인도 환경부 그린 크레딧 프로그램 홈페이지 내용 일부 발췌(https://www.moefcc-gcpregistry.in).

긍정적인 조치를 수행하도록 인센티브를 제공한다.

GCP의 실행 메커니즘은 단계별 접근 방식을 따른다. 초기 단계에서는 나무 심기, 수자원 보전, 지속가능한 농업, 폐기물 관리, 대기오염 감축, 갯벌 보호 및 복원, 생태 표지 인증, 지속가능한 건축 및 인프라 등의 활동이 선정된다. 이후 중앙정부의 승인을 통해 더 많은 활동이 추가될 수 있다. 특히 농촌 지역을 위한 활동으로 나무 심기, 수자원 보호, 친환경 농업, 폐기물 관리 효율화, 대기오염 감축 등이 포함된다. 이러한 활동을 수행하면 검증을 거쳐 적절한 경우 크레딧을 획득할 수 있다.

[표 25] 그린 크레딧 프로그램 분야

구분	정의 및 개념
나무심기 기반 그린 크레딧	Tree Plantation-based Green Credit · 나무심기 및 관련 활동을 통해 전국의 녹색 피복을 높이기 위한 활동을 추진
물 기반 그린 크레딧	Water-based Green Credit · 물 절약을 촉진하기 위해, 우수 저장(water harvesting), 폐수 처리 및 재사용을 포함한 물 사용 효율과 절약 목표
지속가능한 농업 기반 그린 크레딧	Sustainable Agriculture based Green Credit · 생산된 식품의 생산성, 토양 건강 및 영양 가치를 향상시키기 위해 자연 및 재생 농업 관행과 토지 복원 촉진
폐기물 관리 기반 그린 크레딧	Waste Management based Green Credit · 수집, 분리 및 처리를 포함한 폐기물 관리를 위한 지속가능하고 개선된 관행 촉진
대기오염 저감 기반 그린 크레딧	Air Pollution Reduction based Green Credit · 대기오염 및 그 밖의 오염저감 활동을 위한 대책 마련
맹그로브 보전 및 복원 기반 그린 크레딧	Mangrove Conservation and Restoration based Green Credit · 맹그로브의 보존 및 복원을 위한 조치
에코마크 기반 그린 크레딧	Ecomark based Green Credit · 제조업체가 제품 및 서비스에 대한 Ecomark 라벨을 얻도록 권장
지속가능한 건물 및 인프라 기반 그린 크레딧	Sustainable building and infrastructure based Green Credit · 지속가능한 기술과 재료를 사용하여 건물 및 기타 인프라 건설 장려

출처: 인도 환경산림기후변화부(The Ministry of Environment, Forest and Climate Change).

한편, 현재 인도 정부는 환경, 전력, 신재생에너지 등 주요 부처로 구성된 위원회를 통해서 부문별 온실가스 감축목표를 설정하고 있다. 이미 13개 부문의 기업을 대상으로 목표 이상의 에너지 절약 인증서를 거래하는 시장 또한 보유하고 있다.

GCF(Green Climate Fund)는 2022년 5월 19일 인도의 'E-모빌리티 재원 조달 프로그램'[21]에 대한 지원을 승인했다. 사업 수행자(Accredited Entity)는 맥쿼리 대체자산운용 유한회사(Macquarie Alternative Assets Management Limited, MAAML)이다. GCF는 2억 달러의 자금을 지분투자 형식으로 지원했다. 맥쿼리는 공동 투자자 모집을 통한 2억 5천만 달러의 지분투자와 공동 융자를 활용한 10억 9,200만 달러 등 총 12억 9,700만 달러를 사업 자금으로 투입했다.

제안된 프로그램은 GCF와 상업 투자자의 자본을 활용하여 인도 경제의 탈탄소화를 가속화하는 것을 목표로 한다. 이를 위해 인도의 교통 부문의 전기화를 중점적으로 지원할 예정이다. 이를 통해 전기차에 대한 선호를 높이고, 관련 인프라의 성장을 지원하여 기존의 내연기관(Internal Combustion Engine, ICE) 차량을 대체하거나, 신규 구매를 제한하는 방식으로 사업을 수행할 계획이다. 프로그램의 주요 목표는 다음과 같다.

첫째, 전기차 소유자 또는 운전자에게 적합한 금융 솔루션을 제공한다.
(예 : 전기차 운용 실적에 따른 리스 비용 지원 및 신용 대출 등)

둘째, 충전 인프라 및 배터리 산업과 같은 전기차 생태계 조성을 위한 맞춤형 금융 솔루션을 제공한다.

21) GCF(2022). "FP186: India E-Mobility Financing Program" 내용 발췌.

셋째, 높은 초기 비용, 잔존가치 리스크 및 신뢰성 문제를 해결하기 위한 금융 솔루션을 제공한다.

넷째, 투자, 파트너십 및 시장 참여자의 역량 개발을 통해 전기차 생태계 개발을 촉진한다.

다섯째, 시스템, 프로세스 및 자원 개선을 통해 인도 전기차 분야의 서비스 효율성을 지속해서 개선해갈 것을 목표로 한다.

여섯째, 인도 정부의 정책에 부합하는 경쟁력 있는 가격 솔루션을 제공해 전기차의 총 소유 비용(Total Cost of Ownership, TCO)을 내연기관 차량과 비교하여 장기적으로 경쟁력 있게 만든다.

일곱째, 인도 도로 교통 부문 전기화를 위해 초기 단계의 기관 자본을 대규모로 동원한다.

프로그램 수행으로 구축한 플랫폼을 통해 약 11억 달러의 현지 및 국제 부채 시장(debt market)에 접근하여 운영을 확대할 수 있을 것으로 예상한다. 전기차-내연기관 비용이 균형 상태로 접근함에 따라 상업 투자자로부터 추가 자본을 유치하여 자급 가능한 상업 기업으로 전환할 수 있을 것으로 기대한다.

프로그램은 ① 전기차 부문의 성장을 제한하는 주요 장벽을 해결하고, ② 정부 및 다른 민간 부문의 기존 이니셔티브를 보완하며, ③ 인도의 NDC, 국가 기후 행동계획(NCAP), COP26 서약, 기타 여러 정책과 규제 및 이니셔티브와 부합하도록 설계되었다. 세계에서 가장 큰 전기차 시장 중 하나인 인도에 운영 및 금융 리스와 같은 금융 솔루션을 도입하여 전기차와 관련된 높은 초기 자본 지출, 충전 인프라 문제, 상업적 성과의 불확실성 문제를 해결하는 것을 목표로 한다.

초기에는 전기버스, 공유 차량, 전기 충전 인프라와 같은 전기차 생태계의 특정 부문에 집중할 예정이며, 시간이 지남에 따라 포트폴리오를 다양화하고 전기차 가치사슬 내에서 규모와 중요성을 갖춘 더 많은 하위 부문으로 확장할 것이다. 프로그램 시행 기간 동안 약 21억 달러의 자본을 동원하고, 중기적 성과로 약 950만 t CO_2-eq 배출을 줄이는 것을 목표로 하고 있다.

이외에도, 프로그램은 인도의 에너지 안보를 지원하여 총수입의 약 80%를 차지하는 석유 수입 의존도를 줄일 것이다. 새로운 일자리를 창출하고 경제 활동을 활성화하여 여성의 권한을 강화하고 성별 격차를 줄이는 데 기여할 것이다.

3.2 멕시코

2020년 기준 멕시코는 총 3억 5,700만 톤의 온실가스를 배출하며 전 세계에서 16번째로 큰 탄소 배출국에 속했다. 1인당 배출량은 2.6톤으로 세계 73위에 해당된다. 이는 한국의 배출량(9위)과 1인당 배출량(19위)에 비해 적지만, 등록되지 않은 산업 활동을 고려하면 실제 배출량은 더 높을 가능성이 있다. 멕시코의 주요 탄소 배출원은 석유산업, 가스, 시멘트, 석탄 순으로, 특히 석유 부문에서 전 세계 11위의 배출량을 기록하고 있다.

멕시코는 기후변화로 인한 피해가 심각해질 것이라는 전망 때문에 탄소 배출 감축을 위한 적극적인 조치를 취하고 있다. 현재 상황이 지속된다면, 2100년까지 기후변화로 인해 멕시코가 입게 될 경제적 손실은 약 40억 달러(약 5조 2,100억 원)에 달할 것으로 예상된다. 이러한 위기에 대응하기 위해 멕시코는 탄소 배출 감축 계획과 기금을 마련하고 있지만, 아직 구체적인 예산이 완전히 편성되지는 않았다.

멕시코 환경·천연자원부(Secretaría de Medio Ambiente y Recursos Naturales, SEMARNAT)에 따르면, 약 202억 7,400만 페소(약 1조 3,209억 원)의 자금이 기후변화 대응을 위해 준비된 것으로 추정된다. 2015년에는 신흥개발국 중 최초로 국가별 자발적 온실가스 감축 계획을 제출하며, 국제사회에 기후변화 대응에 대한 강한 의지를 표명한 바 있다.

멕시코 정부는 파리협정에서 국가 온실가스 감축목표(Nationally Determined Contribution, NDC)를 지지하며, 2030년까지 배출전망치(BAU) 대비 온실가스 배출을 22% 감축하겠다고 선언해 탄소 감축에 대한 강한 의지를

[그림 8] 멕시코의 기후변화 대응 기금 마련 현황

출처: 멕시코 국립생태기후변화연구소(INECC).

표명했다.

2019년 마드리드에서 열린 제25차 유엔기후변화협약 당사국총회(COP25)에서는 적응기금 이사회 참여를 위한 라틴아메리카 및 카리브해 지역그룹(GRULAC)의 지지를 얻었다. 이 기금은 개발도상국이 급격한 기후변화에 적응하고, 재해로 인한 피해를 복구할 수 있도록 지원하기 위한 목적으로 설립되었다.

2021년 글래스고에서 열린 제26차 당사국총회(COP26)에서는 멕시코가 글로벌 메탄 서약(Global Methane Pledge)에 참여해, 2030년까지 메탄 배출량을 2020년 대비 30% 감축하겠다는 약속을 했다. 또한, 기후변화가 경제적 안정성에 미치는 위협에 대비해 자원을 더 많이 동원하고, 자금 조달 및 역량 개발에 힘쓸 것을 결의했다.

2022년 샤름 엘 셰이크에서 열린 제27차 당사국총회(COP27)에서는 멕시코 환경자원부(SEMARNAT)를 통해 온실가스 감축목표를 상향한다고 발표했다. 이는 2016년 이후 처음으로 상향 조정된 목표이며, 2030년까지 온실가스 배출량을 현재 대비 30% 이상 줄이는 것을 목표로 하고 있다.

안드레스 마누엘 로페스 오브라도르(Andrés Manuel López Obrador) 대통령은 집권 초기에는 기후변화 문제에 대해 큰 관심을 보이지 않았으나, 2022년 6월 에너지 및 기후에 관한 주요 경제국 포럼에서 '기후변화 대응 10대 행동계획'을 발표하며 기후위기에 대해 적극적인 대응을 보이고 있다.

로페스 오브라도르 정부의 기후변화 대응 10대 행동계획은 [표 26]과 같다.

[표 26] 기후변화 10대 행동계획

구분	내용
청정에너지 생산	16개 수력발전소 설비 개선을 통해 설비용량 85GW까지 확대
에너지 생산	2024년 국가 에너지원 최소 35%를 재생 및 청정에너지로 생산
메탄가스 감축	메탄가스 최대 98% 감축을 위해 20억 달러 예산 배정
무공해차 보급	2030년 무공해차 생산비율 50% 확대
태양광 시설	소노라주에 태양광 공원(Parque Solar Fotovoltaico) 건립
에너지 투자 유치	태양열 및 풍력 에너지 생산을 위해 미국 기업 17개사의 투자 유치
에너지 수출	미국 국경지역에 태양광 시설을 설치해 전기에너지 수출
정유소 현대화	정유소 6개 현대화, Deep Park 정유소 인수 및 신규 정유소 건설
오염물질 최소화	가솔린에서 배출되는 오염물질을 줄이기 위해 코크스화[23] 공장 설립
산림 조성	약 400만 톤의 이산화탄소를 흡수할 수 있는 100만 헥타르 규모의 산림 조성을 위해 15억 달러 예산 배정

출처: 멕시코 외교부.

기후변화 대응을 위한 효율적인 계획, 관리, 그리고 모니터링을 위한 강력한 도구가 필요하지만, 현재 멕시코에는 기후 자금을 동원할 수 있는 정책과 규제 등의 적절한 프레임워크가 부족한 상황이다. 이에 따라 멕시코는 여러 국가와 협력해 기후변화 대응 노력을 가속화하고 있다.

멕시코의 환경 인프라를 지원하기 위해 멕시코와 미국 정부는 북미개발은행(North American Development Bank, NADB)을 설립했다. 2019년 11월 15일, 북미개발은행은 멕시코와 미국 국경 지역 주민들을 위한 수도 및 재생에너지 부문 7개 프로젝트에 대해 3억 8,600만 달러의 지원을 승인했다. 이 중 3개의 프로젝트는 신재생에너지 발전과 관련된 것이며, 나머지 4개의 프로

23) 석탄을 분해 및 증류하여 코크스를 만드는 일, 혹은 원유 찌꺼기에 열을 가하여 석유와 식유 코크스를 만드는 일을 의미한다.

젝트는 수처리 및 식수 확보를 목표로 기후변화 피해 대응 인프라 구축을 위한 것이다.

또한 멕시코와 독일 정부는 기후변화 동맹을 맺어 멕시코 기후 행동 자금조달(Financing for Climate Action in Mexico, FINACC) 프로젝트 등 다양한 수단을 통해 기후변화 적응, 지역사회의 탄력성 회복, 그리고 온실가스 배출 감축을 위한 구체적인 조치를 하고 있으며 NDC 이행을 지원하고 있다. 이 기후변화 동맹의 주요 내용은 [표 27]과 같다.

멕시코는 기후변화 대응을 진전시키기 위해 2014년에 탄소세를 도입했다. 국제에너지기구(IEA)에 따르면, 멕시코 탄소세의 기본 세율은 1톤당 3.5달러이다. 국제통화기금(IMF)은 2019년 보고서에서 지구 기온 상승을 2℃ 이내로 제한하려면 전 세계 평균 탄소세가 1톤당 USD 75에 달해야 한다고 지적한 바 있다. 멕시코의 탄소세는 교토의정서 청정개발체제(CDM)의 인증된 탄소 감축량(CERs), 즉 탄소 배출권을 통해 상쇄할 수 있다.

탄소세는 연료의 전체 탄소 함량이 아닌, 천연가스 대신 다른 화석연료를 사용할 때 추가로 발생하는 배출량을 기준으로 책정된다. 천연가스는 탄소

[표 27] 기후변화 동맹의 주요 내용

구분	내용
금융 시스템의 녹색화	기후목표 이행과 투명하고 지속가능한 금융규제 프레임워크의 구축을 위해 공공 및 민간 부문 자원 동원
국가 기후약속에 기여	기후변화 정책과 일치하는 계획 프로세스를 지원하고 투명성을 위한 프레임워크를 구축
지역 기후 행동	하위 국가 수준(Subnational Level)의 기후 조치 모니터링 시스템 구축
협력에 관한 교류	국제 기후 보호 이니셔티브 International Climate Protection Initiative (IKI)를 통한 지원

출처: IKI Alliance Mexico.

세에서 완전히 면제된다. 그러나 USD 3.5라는 낮은 세율로 인해 실질적인 온실가스 감축 효과를 거두지 못했다는 평가가 나오고 있으며, 이에 멕시코는 2020년 배출권거래제(ETS)를 도입했다.

GCF는 2024년 7월 18일 멕시코 등 7개국[24]의 'E-모빌리티 및 저탄소 교통 프로그램'[25]에 대한 지원을 승인했다. 사업 수행자는 프랑스개발협력단(Agence Française de Développement, AFD)이다. GCF는 1억 2,606만 1,825달러의 자금을 지원했다(보조금 2,446만 1,571달러). AFD는 공동 투자금 1억 6,056만 4,687달러와 보조금 4,835만 4,531달러 등 총 2억 891만 9,219달러를 사업 자금으로 투입했다.

AFD는 각 국가에 대해 다음과 같은 항목들을 고려하여 시장 평가를 수행하였다.

첫째, 차량 카테고리별 총소유 비용, 수익성, 현금 흐름, 부채 구조 측면에서 현재의 재무적 타당성

둘째, 문제 해결을 위한 금융 도구와 국가의 지원 구조

셋째, 전기차 시장의 준비 상태

시장 평가를 기반으로, 프로그램 실행이 시장 준비를 가속화하고, 추가 재정 지원 없이 전기차의 상업적 보급이 촉진될 수 있도록 계획하였다. 프로그램의 주요 목적은 전기 버스 시스템과 대중교통 체계 업그레이드에 있다. 차량, 충전 인프라, 전력망 업그레이드, 버스 차고 업그레이드와 도시의

24) 아르헨티나, 브라질, 콜롬비아, 코스타리카, 도미니카 공화국, 멕시고, 페루 등.

25) GCF(2024). "FP237: E-Mobility and Low Carbon Transportation" 내용 발췌.

대중교통 및 비동력 교통 개선 등을 위해 자금을 집행할 예정이다.

기술 지원은 '지속가능한 모빌리티 생태계 구축'을 목표로, 전기차 보급과 대중교통의 전기화 전환 촉진을 위해 진행된다. 지방, 국가, 지역 차원에서 전기차 대량 도입을 촉진하는 정책과 비즈니스 프레임워크 설계를 위한 기술 지원을 제공한다(프로젝트 설계, 비즈니스 모델 개발, 도시 전기차 정책, 교육 등).

국가 차원에서는 부문별 전기화 로드맵, 전기차 보급을 위한 국가 정책 지원, 배터리 재사용, 재활용 및 처리에 대한 조언을 제공한다. 지역 차원에서는 역량 강화, 교육, 홍보 및 확산 활동을 실행한다.

이 프로그램은 저배출 교통 시스템으로의 패러다임 전환을 지원한다. 달성될 주요 영향은 다음과 같다.

첫째, 온실가스 감축 : 전기차는 화석연료 차량에 비해 생애 주기에서 온실가스 배출량이 훨씬 적다. 프로그램 투자와 기술 지원을 통해 승객당 탄소 배출량이 높은 운송 수단에서 저탄소 운송 수단으로의 전환을 유도한다. 이 프로그램을 통해 온실가스가 약 4,334,051Mt CO_2-eq 감축될 것으로 예상된다.

둘째, 대기 질 개선 : 전기차 도입으로 인해 공기 질이 개선된다.

셋째, 화석연료 수입 의존도 감소 : 전기차 사용이 늘어나면 화석연료 수입 의존도가 줄어들게 된다.

넷째, 에너지 효율성 증가 : 전기차는 화석연료 차량보다 최대 4배 더 에너지 효율적이다.

3.3 인도네시아[26]

2021년 7월, 인도네시아 정부는 2060년 또는 그보다 이른 시점에 탄소중립을 달성하겠다는 내용을 담은 국가 온실가스 감축목표(NDC)를 UNFCCC에 제출했다. 이후 2022년 10월에는 기존 NDC를 업데이트하여, 2030년까지 BAU(배출전망치) 대비 온실가스 배출을 자력으로 32%(기존 29%) 감축하고, 국제 지원을 활용할 경우 43%(기존 41%)까지 감축하겠다고 발표했다. 또한, 2022년 11월 인도네시아는 G20 의장국으로서 개최한 G20 정상회담에서 탈석탄 지원 계획을 포함한 '공정에너지 전환 파트너십(Just Energy Transition Partnership, JETP)'에 서명했다. 이에 따라 인도네시아는 JETP의 지원을 받는 두 번째 국가가 되었으며, 2050년까지 발전 분야의 탄소중립을 달성하겠다고 발표했다.

2020년 기준 인도네시아는 세계 5위의 온실가스 배출국이다. 이산화탄소 배출량 기준으로 보면, 인도네시아는 지난 10년 동안 세계 7~10위 사이를 차지해왔다(LULUCF[27] 제외). 인도네시아의 석탄화력발전은 2010년 총 발전설비 용량의 38%를 차지했으나, 2020년에는 52.3%로 증가했다. 이는 많은 석탄화력발전소가 10년 미만의 신규 시설로, 노후화로 인한 폐쇄까지는 상당한 시간이 걸릴 것을 시사한다. 인도네시아 정부는 2022년 JETP에 서명하면서 신규 석탄화력발전소 건설 중단을 선언했지만, 이미 건설 중이거

26) 이지혁(2023). "인도네시아 탄소가격제 도입의 주요 쟁점" 내용 일부 발췌.

27) Land Use, Land Use Change, and Forestry의 약자로, 국토를 토지이용 목적과 형태에 따라 산림, 농지, 초지, 습지, 주거지, 그 밖의 범주로 구분하여 각 토지이용 범주별 인위적인 활동에 따른 온실가스 흡수량·배출량과 토지이용 변화에 따른 온실가스 흡수량·배출량을 산출하기 위해 규정한 정의·방식·규칙을 말한다(탄소흡수원 유지 및 증진에 관한 법률).

나 프로젝트가 진행 중인 발전소들이 추가되면서 석탄화력발전 설비용량은 2030년까지 계속 증가할 것으로 예상된다.

인도네시아 정부가 도입을 추진 중인 탄소가격제는 탄소세와 배출권거래제를 결합한 방식이다. 탄소세는 탄소 배출을 억제하기 위해 석탄, 석유, 가스 등 화석연료에 포함된 탄소의 양에 따라 세금을 부과하는 제도이다. 이는 오염자가 그들의 한계저감비용(marginal abatement cost)과 같은 수준의 세율까지 배출량을 줄이도록 유도한다.[28] 즉, 개별 오염자의 감축비용과 감축수단에 의해 배출량이 결정된다. 반면, 총량제한 배출권거래제(cap-and-trade)는 정부가 기업이나 온실가스 배출자에게 배출권을 할당하고, 이를 거래하는 시스템이다. 각 기업은 할당된 배출량을 초과할 경우 배출권을 구매해야 하고, 잉여 배출권은 판매할 수 있다.

인도네시아는 2017년 "환경 경제 수단에 관한 정부령 No.46/2017"을 통과시키며 배출권거래제 시행의 법적 근거를 마련했다. 이 법에 따라 2024년까지 배출권거래제 및 폐기물 허가 거래 시스템을 도입하도록 의무화했다. 2021년 10월, 인도네시아는 NDC 달성을 위한 관리지침으로 '국가기여 목표 달성을 위한 탄소의 경제적 가치 이행 및 국가개발 차원의 온실가스 배출 통제에 관한 대통령령 2021년 제98호(Perpres 98/2021)'를 제정했다. 이 법령은 탄소세 도입과 배출권거래제 시행을 위한 법적 근거를 제공하며, 온실가스 감축 성과 기반 보수 지급 등 다양한 내용을 담고 있다.

또한, 2021년 제정된 '조세규정 통일에 관한 법률 2021년 제7호(UU 7/2021)'는 탄소세를 공식적으로 법에 포함시켰다. 탄소세는 탄소를 포함한 상품을 구매하거나 특정 활동을 통해 일정량의 탄소를 배출하는 개인이나

28) 온실가스 감축을 목적으로 시스템에 기술적 변화를 주거나 연료를 변경할 경우 온실가스 1톤을 감축하는 데 발생하는 비용을 의미한다(위의 글, 2쪽).

회사에 부과된다. 인도네시아는 이를 1kg당 최소 30루피아(약 2.56원)로 설정했으며, 2021년 파일럿 프로그램에서 도출된 결과를 반영했다. 이 탄소세는 2025년까지 완전한 시행을 목표로 단계적으로 도입될 예정이며, 석탄화력발전소부터 시범적으로 적용된다.

인도네시아 에너지광물자원부는 전력발전 부문에 배출권거래제를 도입하기로 발표했다. 이 제도는 100MW 이상의 발전설비를 보유한 99개의 석탄화력발전소(33.6GW)에 적용될 예정이다. 배출권거래제는 세 단계로 진행되는데, 1단계(2023~2024년)에서는 석탄화력발전소만 포함된다. 2단계(2025~2027년)와 3단계(2028~2030년)에서는 석유 및 가스 발전소와 기타 소규모 발전소로 확대될 계획이다.

인도네시아 정부는 2023년 발전소에 할당된 총배출량이 2,000만 톤에 이를 것으로 전망하며, 초과 배출량은 약 50만 톤으로 예상하고 있다. 이 초과분은 거래를 통해 조정될 예정이다. 또한, 정부는 각 발전소의 전력발전량에 따라 배출 허용량을 할당하는 '집약도 목표(intensity target)'를 제시했다. 이는 경제 상황이나 발전량에 따라 배출량이 유동적으로 결정되는 방식이다.

인도네시아가 도입하는 배출권거래제는 탄소세와 결합한 하이브리드 방식인 'cap-tax-and-trade' 시스템으로 운영될 예정이다. 이 시스템에서 사업장은 정부가 할당한 배출 허용량을 초과하는 경우 여러 선택지를 갖게 된다. 초과 배출에 대해 허가권을 구매하거나, 재생에너지 분야에 투자하여 크레딧을 획득할 수 있다. 의무 감축량을 할당받은 사업장은 해당 영역 외에서 감축 활동을 수행하고, 이를 인증받은 배출권으로 상쇄하여 감축목표를 달성할 수 있다.

또한, 허용된 배출량을 초과하는 시설에 대해서는 탄소세가 부과되며, 이

[그림 9] 인도네시아 탄소 가격제도 : Cap-Tax-and-Trade System

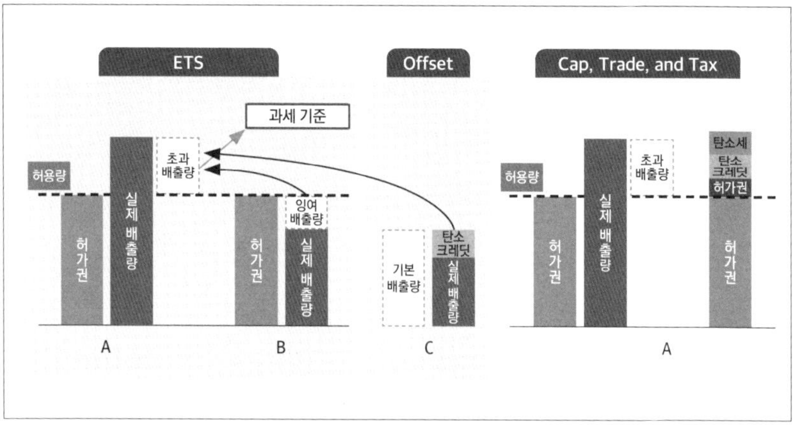

출처: 이지혁(2023).

세율은 국내 탄소시장 가격과 연동된다. 'cap-tax-and-trade' 시스템하에서는 탄소세가 허가와 크레딧의 상한가 역할을 하며, 이는 일종의 페널티로 작용하게 된다.

GCF는 2022년 10월 20일 인도네시아의 '산업용 에너지 효율성 제고를 위한 체계 도입 지원 프로그램'[29]에 대한 지원을 승인했다. 사업 수행자는 한국산업은행(Korea Development Bank, KDB)이다. GCF는 차관 5백만 달러와 보증 1억 달러 등 총 1억 500만 달러의 자금을 지원했다. KDB는 공동 투자금 1억 4,270만 달러(대출: 1억 3,333만 달러, 지분투자: 900만 달러, 현물: 37만 달러)를 사업 자금으로 투입하였다.

이 프로그램은 인도네시아와 다른 ASEAN 국가들이 저탄소 개발 경로를 추진할 수 있도록 지원한다. 이를 위해 에너지 효율성과 보존 성능을 강

29) GCF(2022). "FP196: Supporting Innovative Mechanisms for Industrial Energy Efficiency Financing in Indonesia with Lessons for Replication in other ASEAN Member States" 내용 발췌.

화하는 데 중점을 둔다. 특히 재정(에너지 효율화 자금에 대한 접근성, access to energy efficiency finance), 규제(인센티브의 부재, lack of policy incentives), 기술(현지 기업들의 낮은 역량, week capacity of local enterprises) 등 세 가지 측면에서의 주된 장애를 해결하는 데 주력한다. 프로그램 실행을 통해 혁신적인 에너지 효율성 제고를 위한 금융 지원 방안을 제안하고, 위험 완화(de-risking) 메커니즘, 규제 프레임워크 구성 등의 구축을 지원한다. 또한 기술 지원이 포함된 솔루션 패키지 제공을 목표로 한다.

이 프로그램은 인도네시아와 주변 ASEAN 국가들의 산업 에너지 효율 시장에서 큰 변화를 가져올 것으로 예상된다. 프로그램의 효과로 ① 온실가스 3,139,000t CO_2-eq 감축, ② 다양한 에너지 효율 기술의 확산, ③ 사회경제적 및 환경적 공동 혜택, ④ 대규모 투자 유치, ⑤ 친환경 인식 제고 및 현지 참여자의 행동 변화 등이 포함된다. 또한 이 프로그램은 단발적인 자금 지원을 넘어 환경 조성을 통해 실질적인 패러다임 전환을 이끄는 촉매 역할을 할 것이다. 이러한 대규모 개입은 다양한 전문 지식을 가진 주요 국내외 이해관계자들이 KDB의 감독하에 수행할 것이다.

금융 지원과 기술 지원 활동이 성공적으로 구현되면, ① 현지 산업과 금융기관들 사이에 에너지 효율 기술에 대한 신뢰가 쌓이고, ② 금융기관들이 에너지 효율성 금융과 신용 분석 및 위험 완화 메커니즘에 대해 더 잘 이해하게 되며, ③ 현지에 적합한 위험 완화(de-risking) 방안과 규제 프레임워크 개발을 포함하는 에너지 효율성 생태계가 인도네시아 산업 부문에서 형성될 것이다. 프로그램이 종료된 후에도 금융기관과 현지 이해관계자들이 계속해서 에너지 효율성 금융과 시장에 참여할 수 있게 될 것이다.

3.4 남아프리카 공화국[30]

남아프리카 공화국(남아공)은 개발도상국 중에서도 다량의 탄소를 배출하는 국가 중 하나이다. 1990년부터 2019년까지 남아공의 온실가스 배출량은 67% 이상 증가했다. 2019년 기준, 전체 배출량의 86%는 에너지 분야에서 발생하며, 지난 30년 동안 이 분야의 배출량은 91% 증가했다. 주요 배출원은 석탄 발전소이다. 남아공 정부는 2012년 '국가 개발 계획 2030(National Development Plan 2030)'을 수립하고, 기후 복원력을 갖춘 녹색 경제로의 전환을 목표로 삼았다. 또한 남아공은 국가별 온실가스 감축목표(NDC)를 상향 조정하여 2030년까지 350~420백만 톤의 이산화탄소 상당량(tCO_2-eq)을 감축하겠다고 약속했다.

국제사회에 제출한 약속을 이행하기 위해 남아공은 아프리카 대륙 최초로 2019년 6월에 탄소세를 도입했다. 이 탄소세는 산업, 발전, 건물, 교통 등 화석연료를 사용하는 모든 분야에 적용된다. 이에 앞서 남아공 환경, 산림, 어업부(DEFF)는 국가 온실가스 배출 보고를 의무화하기 위한 법률을 제정했으며, 이를 통해 모든 법인과 개인은 탄소 배출량을 의무적으로 보고해야 한다.[31] 남아프리카 공화국에서 법률에 정해진 배출량을 초과하여 온실가스를 배출한 경우, 해당 배출자는 탄소세를 납부해야 한다. 탄소세 도입은 2단계로 나뉘어 진행되었으며, 1단계는 2019년 6월부터 2022년 12월까지 적용되었다. 2단계는 2023년부터 2030년까지 지속된다. 1단계에서는 탄소세율이 매년 물가상승률에 추가로 2%를 합산하여 매겨졌으며, 이는 배

30) MF(2023). "South Africa Carbon Pricing and Climate Mitigation Policy" 내용 발췌.

31) 농업, 산림, 토지이용, 폐기물 처리 부문은 100% 면세이다.

출량 감소를 촉진하기 위한 장치로 작동되었다.

탄소세 도입에 따른 기업의 경쟁력 감소와 저소득층의 부담을 완화하기 위해, 전환에 따른 면세 구간 설정, 배출권 무상할당제도 등을 도입했다. 또한 배출량 감소분을 의무감축량에서 상쇄할 수 있도록 유인책을 부여했다. 결과적으로 무상으로 할당된 배출권의 비중은 모든 분야에서 60~75%에 이르렀으며, 상쇄를 통한 추가 면세까지 적용할 경우 배출량의 95%까지 면세를 받는 분야도 존재하게 되었다.

이러한 면세 조건들로 인해, 남아공의 탄소세율은 낮게 유지 중이다. 탄소세는 공식적으로 2019년 기준 1tCO_2-eq당 120랜드(약 7달러)로 설정되었고, 2022년까지 134랜드(약 8달러)로 인상될 계획이었다. 그러나 남아공 재무부에 따르면, 2021~2022년 실제 징수된 탄소세는 1tCO_2-eq당 7랜드에

[그림 10] 일부 산업 부문에서의 면세 비중

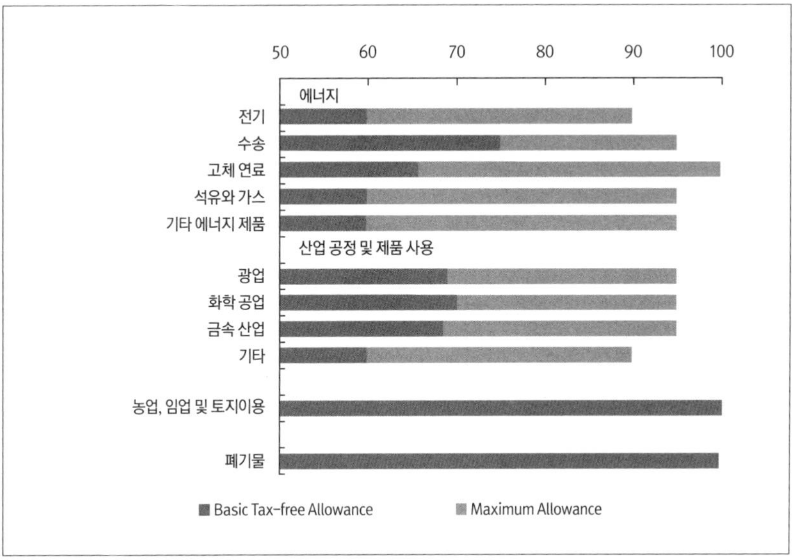

출처: IMF(2023).

불과한 것으로 발표되었다. 1단계 적용 기간이 2022년 말에서 2025년 말로 조정되었고, 탄소세율은 낮게 지속될 것으로 예상된다.

효과성 문제와는 별개로, 탄소세 도입 자체는 남아공 사회에 변화를 가져왔다. 그중에서도 화석연료 사용과 밀접한 관계가 있는 교통, 제철, 석탄 발전 분야에 영향을 미쳤다. 남아공의 총배출량은 배출전망치(Business As Usual, BAU)에 비해 낮아질 것으로 예상되며, 탄소세로 마련된 재원은 일자리 창출과 농업 분야에 투자될 것이다. 에너지 전환에 따라 재생에너지 분야의 일자리 창출이 가능해진다. 대기와 수질 개선을 통해 농부와 저소득층에게 사회적 편익이 돌아갈 것이다.

한편 현재의 탄소세율은 지나치게 많은 공제 요소들을 포함하고 있어 남아공의 NDC 달성에 도움이 되지 못할 가능성도 있다. 따라서 당초 계획

[그림 11] 탄소세율 증가 추이

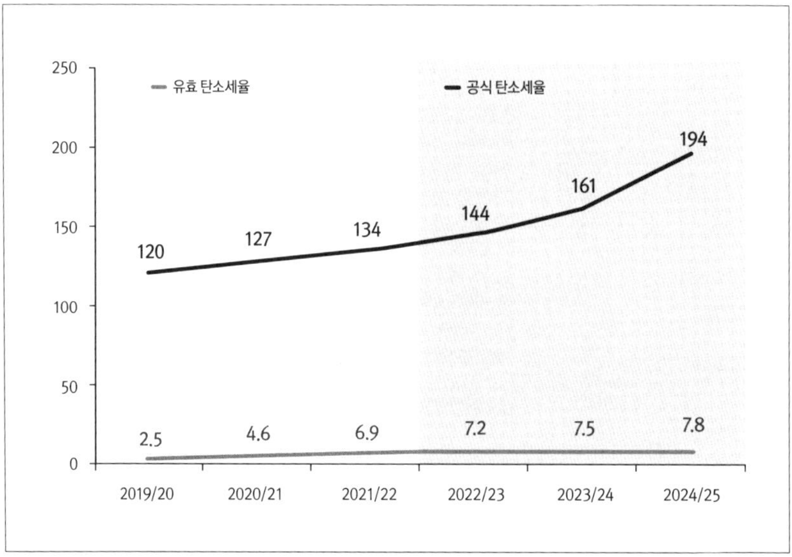

출처: IMF(2023).

대로 탄소세율을 지속적으로 인상할 필요가 있다. 탄소세 적용범위 역시 Scope 1 배출량에만 한정했던 것을 수정하여, Scope 2, 3에도 적용할 필요가 있다. 탄소세를 통한 수입을 에너지 전환 분야에 투자함으로써, 현재 남아공 탄소 배출 대다수를 차지하고 있는 발전 분야에서의 감축을 달성할 수 있을 것으로 기대하고 있다.

GCF는 2020년 1월 29일 남아공의 '소규모 재생에너지 독립발전 투자 프로그램'[32]에 대한 지원을 승인했다. 사업 수행자는 남아프리카개발은행(Development Bank of Southern Africa, DBSA)이다. GCF는 1억 달러의 자금을 대출 형식으로 지원했다. DBSA는 공동 투자금 3억 6,000만 달러와 지분 투자 7,700만 달러 등 총 4억 3,700만 달러를 사업 자금으로 투입하였다.

이 프로그램은 남아공의 기후변화 대응을 위한 감축 사업을 지원하기 위해 기획되었다. 앞선 2010년 남아공은 '2010-2030 통합 자원 계획(Integrated Resource Plan)' 수립을 통해 전력 부문의 전환을 계획하였다. 이를 위해 재생에너지 독립전력 생산자 조달 프로그램(Renewable Energy Independent Power Producers Procurement Program, REIPPPP)을 도입하였다. 그러나 2015년 REIPPPP를 운영하던 공기업인 Eskom[33]의 유동성 문제로 지원이 중단된 바 있다.

이 프로그램은 그간 정부 주도의 REIPPP 운영에서 자가 소비를 목표로 하는 민간 부문이 지원하는 재생에너지 사업 생태계 조성을 목표로 한다. 정부가 독점하고 있던 전력 생산을 민간이 재생에너지를 활용하여 전력 공급을 할 수 있도록 지원한다. 또한 지방자치단체에서도 소규모 재생에너지

32) GCF(2019). "FP106: Embedded Generation Investment Programme" 내용 발췌.

33) 1923년에 설립된 남아공의 발전 및 전기 판매 공기업.

발전소를 건립하여 독립전력 생산자로 활동할 수 있도록 재정을 투입한다.

이 프로그램의 목표는 프로젝트들의 신용도를 높여, 민간 부문이 지속적으로 재생에너지에 투자할 수 있는 환경을 조성하는 것이다. 또한 금융 메커니즘을 통해 금융기관으로부터 자금을 유치하고, 남아공이 NDC 달성에 추가적인 진전을 이루도록 돕는 것을 목적으로 한다. 남아공 정부는 소규모 재생에너지 독립발전이 2030년까지 국가 재생에너지 용량의 약 11.5%를 차지할 것으로 기대하고 있다. 이 프로그램을 통해 새로운 재생에너지 독립발전이 확산될 경우, 연간 약 717,794t CO_2-eq 규모의 온실가스가 감축될 것으로 예상한다.

Part 3

파리협정

1. 파리협정 개괄

1.1 파리협정의 의의[1]

파리협정은 모든 국가가 자발적으로 온실가스 감축목표를 설정하고 이를 이행하는 방식으로, 기후변화에 대한 대응을 강화하는 것을 목표로 한 협정이다. 이 협정은 배출량 산정에서 투명성을 강조하며, 기후변화 대응을 위한 전 세계적인 노력의 결과물로 평가된다. 2015년 12월, 프랑스 파리에서 열린 COP(Conference of Parties, 당사국총회)21에서 체결된 이 협정은 2020년부터 모든 국가가 참여하는 신기후체제의 시작을 알리는 중요한 사건이었다.

파리협정의 핵심 원칙은 '공통의 그러나 차별화된 책임'으로, 각국이 자발적으로 온실가스 감축목표(NDC)를 설정하고 이를 달성하기 위해 노력하는 것을 목표로 한다. 협정 발효 후, 2016년 11월에는 파리협정 당사국총회(Conference of Parties serving as the Meeting of Parties to the Paris Agreement, CMA)와 함께 UN 기후변화협약의 보조기관(SBI, Subsidiary Body for Implementation) 및 과학기술자문보조기관(Subsidiary Body for Scientific and Technological Advice, SBSTA)이 협력하여 이행 방안과 세부 지침을 완성했다. 주요 내용은 다음과 같다.

---

1) UNFCCC Paris Agreemnet 홈페이지 내용 발췌(https://unfccc.int/process-and-meetings/the-paris-agreement).

첫째, 지구 평균온도 상승 제한 목표 : 모든 국가가 산업화 이전 수준보다 지구 평균온도 상승을 2℃ 이하로 유지하며, 가능하다면 1.5℃로 제한하기 위한 목표를 수립했다.

둘째, 6개 분야 기반 신기후체제 : 감축(mitigation), 적응(adaptation), 재원(finance), 기술(technology), 역량 배양(capacity building), 투명성(transparency) 등 6개 분야에 걸쳐 기후변화 대응을 위한 신기후체제가 구축되었다. 교토의정서에서는 온실가스 감축에 중점을 두었지만, 파리협정은 적응, 재원, 기술 이전, 역량 배양 등을 포함해 모든 국가의 참여를 규정한다.

셋째, 상향식 의사결정 구조: 모든 당사국이 자발적으로 이행목표(NDC)를 설정하고 참여하는 상향식 의사결정 구조를 채택하였다. 각국의 상황에 맞게 NDC를 제출하도록 권고된다.

넷째, NDC 제출 의무화 : 모든 국가가 온실가스 감축목표를 제출해야 하며, 각국의 상황에 따라 감축목표가 차별화된다. 지속가능한 발전을 위해 기후변화 대응이 적극적으로 촉구된다.

다섯째, 글로벌 이행 점검 : 각국의 NDC 달성 여부를 5년마다 글로벌 이행 점검(global stocktaking)이라는 절차를 통해 평가한다. 파리협정은 종료 시점을 두지 않으며, 각국은 진전 원칙(principle of progression)에 따라 새로운 NDC를 5년마다 제출해야 한다.

여섯째, 이해관계자 참여 강화 : 기후변화의 영향이 커짐에 따라 국가와 민간 영역을 포함한 모든 이해관계자의 참여가 더욱 중요해지고 있다.

이 협정은 전 세계 국가들이 기후변화에 대응하는 데 중요한 역할을 하며, 장기적으로 온실가스 감축과 기후변화 적응을 위한 다양한 노력을 제도적으로 뒷받침하고 있다.

1.2 파리협정의 구성 및 주요 내용[2]

파리협정 제1조는 각 조항에서 사용되는 용어들의 정의를 제공하며, 제2조부터 제14조까지는 신기후체제하에서 주요 수단과 이행 방안에 관한 내용을 다루고 있다. 또한, 제15조부터 제29조까지는 당사국총회와 각 당사국이 맡아야 할 책임과 역할을 상세히 설명하고 있다.

[표 28] 파리협정의 주요 구성

용어 정의	주요 수단 및 이행 방안	책임과 역할
제1조	제2조 ~ 제14조	제15조 ~ 제29조

[표 29] 파리협정의 구성 내용

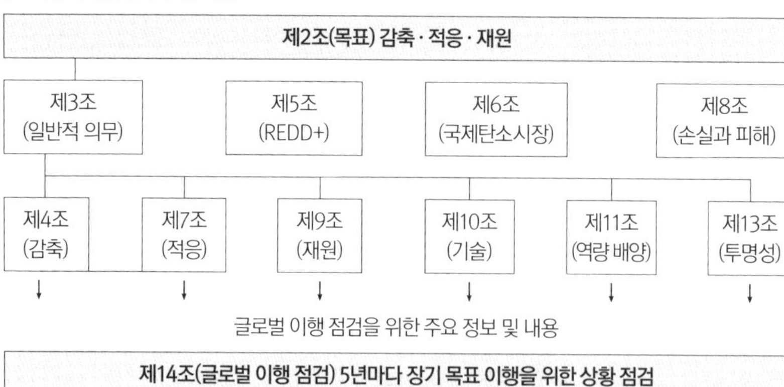

출처: 어광선(2019). "신기후체제하의 국제탄소시장에 통용 가능한 배출권 잠재성 분석에 관한 연구".

2) 파리협정(2016) 내용 발췌.

파리협정 조항의 주요 내용은 [표 30]과 같다.

[표 30] 파리협정의 조항별 주요 내용

조항	주요 내용
제2조 (목표)	· 산업화 이전 대비 지구 온도 상승을 2℃ 이하로 유지하고, 더 나아가 1.5℃까지의 상승을 제한하기 위해 노력 – 당사국들의 '공통의 그러나 차별화된' 책임과 역량을 반영하여 목표 설정 필요
제3조 (총칙)	· 당사국들의 NDC 제출 시 진전원칙 적용 – NDC 목표 이행현황 점검 필요
제4조 (감축)	· 당사국들은 기후변화를 막기 위해 온실가스 배출량 감축 또는 배출된 온실가스를 흡수할 수 있도록 노력 필요 – NDC 이행을 위한 온실가스 감축 방안 도출 필요
제5조 (REDD+)	· 산림을 포함한 저장소 보호·강화 조치 및 온실가스 흡수원 분석 필요 – 지속가능한 산림 경영을 위한 모니터링 및 배출량 산정 방법론 마련 필요
제6조 (국제탄소시장)	· 협력적 접근법, 지속가능한 접근법, 비시장적 접근법 등을 통해 국제탄소시장 메커니즘에 대해 규정 – 국제탄소시장 대응을 위한 정책 마련 필요
제7조 (적응)	· 기후변화 취약성 완화와 회복력 강화를 통해 지속가능성을 향상시킬 수 있는 적응계획 수립 – 기후변화로부터 발생하는 피해를 완화하는 기후변화 적응에 대한 중요성 강조
제8조 (손실과 피해)	· 기후변화의 부정적 영향, 이로 인해 발생한 손실과 피해 문제에 대한 중대성 인지 – 기후변화로 인한 손실과 피해 방지 및 최소화 필요 – 지속가능한 발전 촉진
제9조 (재원)	· 개발도상국의 기후변화 대응에 대한 선진국의 재정 지원 필요성 강조 – 최빈 개발도상국과 군소 도서국에 대한 지원 필요 – 녹색기후기금(Green Climate Fund) 역할 중요
제10조 (기술)	· 기후기술 개발과 이전, 온실가스 감축 등에 대한 장기 비전 수립 – 기후변화 대응을 위한 기후기술 개발과 이전을 위한 협력적 행동 강화 필요
제11조 (역량 배양)	· 개발도상국의 기후변화 역량 강화를 위한 협력 필요 – 개발도상국의 협정 이행을 위한 정책 수립, 역량 강화 계획, 행동, 이행 등 성과에 대한 정기적인 모니터링 필요
제13조 (투명성)	· 기후변화 대응을 위한 재원 지원과 MRV에 대한 투명성 강화 – 개발도상국의 역량과 상황을 고려하여, 유연한 체계 허용
제14조 (글로벌 이행 점검)	· 당사국들은 5년 주기로 목표 달성을 위한 글로벌 이행 점검 실시 – 글로벌 이행 점검은 2023년부터 시작하고, 당사국이 스스로 결정한 방식에 따라 이후에는 5년 주기로 실시
제15조 (이행·준수 메커니즘)	· 파리협정 이행을 위한 위원회를 설립하여, 당사국 차원의 투명성 있는 운영 실시 – 위원회에 대한 절차, 구성, 조치에 대한 논의 필요

출처: 어광선(2019). "신기후체제하의 국제탄소시장에 통용 가능한 배출권 잠재성 분석에 관한 연구".

2. 파리협정 제6조

2.1 파리협정 제6조의 의의

파리협정 제6조는 '국제탄소시장'이라는 용어를 명시적으로 사용하지 않지만, 신기후체제에서 당사국들이 비용효율적으로 국가 온실가스 감축목표(NDC)를 이행할 수 있도록 국제탄소시장을 활용할 수 있는 틀을 제시하고 있다. 이를 통해 국제탄소시장 관련 규정이 파리협정의 중요한 성과 중 하나임을 확인할 수 있다. 제6조는 파리협정 초안과 당사국총회 결정문에 포함된 다양한 의제를 포괄하며, 주요 내용은 다음과 같이 구성되어 있다.

제6조는 총 9개 항으로 나뉘어 있으며, 제6조 1항에서는 해당 조항의 기본 원칙을 규정하고 있다. 그 아래로 협력적 접근법(제6조 2~3항), 지속가능발전 메커니즘(제6조 4~7항), 비시장 접근법(제6조 8~9항)의 세 가지 축으로 구성되어 있다. 특히, 제6조 2항의 협력적 접근법에서는 '국제적으로 이전된 감축 결과물(Internationally Transferred Mitigation Outcomes, ITMO)'을 다루고, 제6조 4항의 지속가능발전 메커니즘은 '감축분(emission reduction)'을 통해 국가 간 탄소 거래의 가능성을 포함하고 있어, 이 두 항목은 시장 메커니즘으로 분류된다. 이에 따라, 제6조는 시장 메커니즘(제6조 2항 및 4항)과 비시장 메커니즘(제6조 8항)으로 구분할 수 있다.

[표 31] 제6조 구조 및 내용

시장 메커니즘		비시장 메커니즘
(제6조 2항) 협력적 접근법	(제6조 4항) 감축사업 메커니즘	(제6조 8항) 비시장 접근법
· 자발적 참여 기반의 상향식 접근법 · ITMO를 NDC 달성에 사용 시 다음 지침 준수 - 지속가능발전 촉진 - 환경건정성 및 투명성 입증 - 이중계산 방지를 포함한 엄격한 산정 규칙 - ITMO 사용 시 참여 당사국의 허가 필요	· CMA 감독하의 하향식 접근법 · 온실가스 감축 및 지속가능 발전을 지원하는 메커니즘 · 참여 당사국 허가에 의한 공공 및 민간 부문의 참여 유도 · 전 지구적 전반적 감축 도모 · 감축분(Emissions Reduction)의 이중사용 금지 · 수익금의 분배	· 통합적 · 총체적 · 균형적 비시장 접근법 · 감축·적응·재원·기술 개발 및 이전·역량 배양 간 조정 및 효과적인 방법을 통한 NDC 이행 지원 · 비시장 접근법을 위한 프레임워크 설립

출처: 박순철, 임서영, 오대균(2020). "파리협정의 이해: 제7장 시장 메커니즘".

2.2 파리협정 제6조의 구성 및 주요 내용

파리협정 제6조 1항은 제6조 전체의 기본 원칙을 총괄하며, 당사국들이 국가 온실가스 감축목표(NDC)를 유연하게 달성할 수 있도록 다양한 형태의 협력을 가능하게 한다는 점을 규정하고 있다. 이 조항은 온실가스 감축뿐만 아니라 기후 적응에도 적용되며, 당사국 간의 자발적인 협력을 통해 지속가능한 발전과 환경 건전성을 촉진하는 것을 목표로 한다. 이를 통해 당사국들이 의욕적인 NDC 이행을 자발적으로 촉진할 수 있는 기반을 마련하고 있다.

[표 32] 파리협정 제6조 1항

원문	해석
[Article 6.1] Parties recognize that some Parties choose to pursue voluntary cooperation in the implementation of their nationally determined contributions to allow for higher ambition in their mitigation and adaptation actions and to promote sustainable development and environmental integrity.	[제6조 1항] 당사국은 일부 당사국이 감축 및 적응 행동에서 더 높은 수준의 이행 노력을 기울일 수 있게 하고, 지속가능한 발전과 환경 건전성을 촉진하기 위해 NDC 이행목표를 달성하는 데 있어 자발적인 협력을 추구하기로 선택할 수 있음을 인정한다.

출처: 파리협정(2016).

특히 '환경 건전성(environmental integrity)'이라는 용어는 기후변화 기본 협약이나 교토의정서에는 포함되지 않았던 개념으로, UNFCCC 체제하에서 기존 시장 메커니즘을 규정한 마라케시 총회 결정문을 통해 등장했다. 일반적으로 탄소시장을 활용하는 경우, 전 세계적인 온실가스 배출량이 증가해서는 안 된다는 원칙을 의미한다. 즉, 탄소 배출권을 거래한 후에도 총배출량이 거래 이전 양측 배출량의 총합과 동일하거나 더 낮아야 한다는 점을 강조하는 것이 환경 건전성의 핵심이다.[3]

3) 박순철, 임서영, 오대균(2020). "파리협정의 이해: 제7장 시장 메커니즘". 195쪽.

[표 33] 파리협정 제6조 2항~3항

원문	해석
[Article 6.2] Parties shall, where engaging on a voluntary basis in cooperative approches that involve the use of internationally transferred mitigation outcomes towards nationally determined contributions, promote sustainable development and ensure environmental integrity and transparency, including in governance, and shall apply robust accounting to ensure, inter alia, the avoidance of double counting, consistent with guidance adopted by the Conference of the Parties serving as the meeting of the Parties to the Paris Agreement.	[제6조 2항] NDC 달성에 있어 국제적으로 이전된 감축 결과물(ITMO)의 사용과 연관된 협력적 접근법에 자발적으로 참여한 당사국은 지속가능발전을 촉진하고, 거버넌스를 포함한 환경 건전성 및 투명성을 담보하며, 파리협정 당사국회의(CMA)가 채택한 지침에 부합하도록 이중계산 방지를 입증할 수 있는 엄격한 산정을 적용해야 한다.
[Article 6.3] The use of internationally transferred mitigation outcomes to achieve nationally determined contributions under this Agreement shall be voluntary and authorized by participating Parties.	[제6조 3항] 파리협정에 따라 NDC를 달성하기 위한 ITMO의 사용은 자발적이어야 하며, 참여 당사국의 허가에 따른 것이어야 한다.

출처: 파리협정(2016).

파리협정 제6조 2항에 규정된 협력적 접근법은 넓은 의미에서 국가들이 NDC 목표를 이행하고 달성했을 때 이를 어떻게 보고하고 산정할지를 규정한 거래 규칙이라 할 수 있다. 이 접근법은 여러 방식의 협력을 포괄하며, 배출권거래제(ETS)를 시행 중인 국가 간의 ETS 시장 연계, 일본 정부가 추진하는 공동 크레디팅 메커니즘(JCM)과 같은 양자 간 감축 협력 사업, 세계은행 등 다자개발은행(MDBs)이 주도하는 다자간 감축 협력 사업을 포함한다. 또한, 제6조 4항에 명시된 지속가능발전 메커니즘도 협력적 접근법의 일환으로 볼 수 있다.[4]

4) 위의 책, 196쪽.

[표 34] 협력적 접근법의 유형

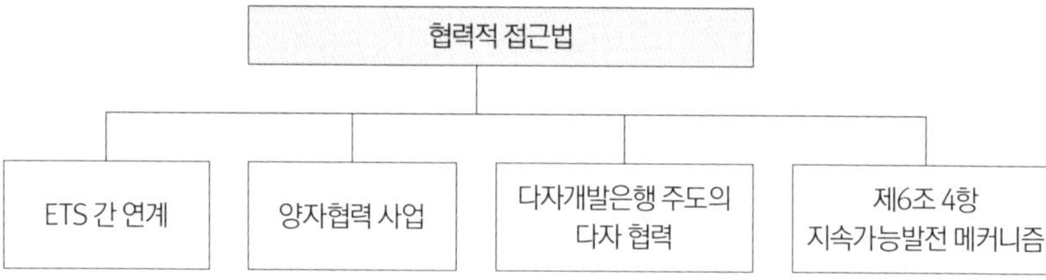

출처: 박순철 외(2020).

[표 35] 파리협정 제6조 4항~7항

원문	해석
[Article 6.4] A mechanisma to contribute to the mitigation of greenhouse gas emissions and support sustainable development is hereby established under the authority and quidance of the Conference of the Parties serving as the meeting of the Parties to the Paris Agreement (CMA) for use by Parties on a valuntary basis. (a) To promote the mitigation of greenhouse gas emissions while fostering sustainable development; (b) To incentivize and facilitate participation in the mitigation of greenhouse gas emissions by public and private entities authorized by a Party; (c) To contribute to the reduction of emission levels in the host Party, which will benefit from mitigation activities resulting in emission reductions that can also be used by another Party to fulfil its nationally determined contribution; and (d) To deliver an overall mitigation in global emissions.	[제6조 4항] 온실가스 감축과 지속가능한 발전에 기여하는 메커니즘은 당사국의 자발적 의사에 따라 사용할 수 있으며, 파리협정 당사국회의(CMA)의 권한과 지침하에 설립된다. 파리협정 당사국회의(CMA)에서 지정한 기관이 감독하며, 메커니즘은 다음의 사항을 목표로 운영된다. (a) 지속가능한 발전을 촉진하고, 온실가스 감축을 증진할 것 (b) 당사국의 권한하에 공공과 민간 부문이 온실가스 감축에 참여하도록 촉진 (c) 유치국의 배출 감축에 기여하고, 다른 당사국이 NDC 달성을 위해 사용하는 온실가스 감축의 편익이 존재할 것 (d) 전 지구적 온실가스 배출량의 전반적인 감축에 기여할 것
[Article 6.5] Emission reductions resulting from the mechanism reffered to in paragraph 4 of this Article shall not be used to demonstrate acievement of the host Party's nationally determined contribution if used by another Party to demonstrate achievement of its nationally determined contributions	[제6조 6항] 이 조 4항에 언급된 메커니즘으로부터 발생하는 배출 감축을 다른 당사자가 자신의 NDC 달성을 증명하는 데 사용하는 경우, 그러한 배출 감축은 유치 당사국의 NDC 달성을 증명하는 데 사용되지 못한다.

원문	해석
[Article 6.6] The Conference of the Parties serving as the meeting of the Parties to the Paris Agreement shall ensure that a share of the proceeds from activities under the mechanisma referred to in paragraph 4 of this Article is used to cover administrative expenses as well as to assist developoing country Parties that are particularly vulnerable to the adverse effects of climate change to meet the costs of adaptation.	[제6조 6항] CMA는 이 조 4항에 언급된 메커니즘 하에서의 활동 수익 중 일부가 행정 경비로 지불되고, 기후변화의 부정적 영향에 특별히 취약한 개발도상국이 적응 비용을 충당하도록 지원하는 데 사용되도록 보장한다.
[Article 6.7] The Conference of the Parties serving as the meeting of the Parties to the Paris Agreement shall adopt rules, modalities and procedures for the mechanism reffered to in paragraph 4 of this Article at its first session.	[제6조 7항] CMA는 제1차 회기에서 이 조 4항에 언급된 메커니즘을 위한 규칙, 방식 및 절차를 채택한다.

출처: 파리협정(2016).

파리협정하에 새롭게 탄생한 탄소재화를 'ITMO'로 명명하였다. 이에 대해서는 다음 장에서 심도 있게 다루겠다.

파리협정 제6조 4항부터 7항까지는 지속가능발전 메커니즘을 다루고 있다. 이 항목에서는 메커니즘의 목표, 원칙, 특성 등 방향성을 제시하며, 세부적인 메커니즘 설계 시 지침 역할을 한다. 4항은 지속가능발전 메커니즘의 목표와 설립 근거를 명확히 한다.

해당 메커니즘은 각국의 자발적 참여를 보장하며, 파리협정 당사국회의(CMA)가 채택한 지침에 따라 설립된다. 이를 위해 규칙, 방식, 절차가 필요하며, 이에 대한 운영은 당사국회의가 지정한 감독기구가 중앙집권적으로 관리하게 된다. 중앙집권적 구조는 사업의 승인과 감축 실적 발행이 감독기구를 통해 통제된다는 의미다.

제6조 4항에 의거해 사업이 인정받으려면 감독기구에서 등록 신청과 승인이 이루어져야 한다. 승인된 사업은 유효기간 동안 감독기구의 지속적인

관리 대상이 된다. 감축 활동에 따라 배출권 형태의 유닛을 발행하는 역할도 감독기구에서 결정된다.

제6조 4항의 하위 조항들은 메커니즘이 추구하는 구체적인 목표를 설명하고 있다.

첫째, 지속가능발전 촉진과 온실가스 감축 증진을 목표로 하며, 유치국의 지속가능발전에 기여하고 실질적인 온실가스 감축이 이루어져야 한다.

둘째, 공공 및 민간 부문이 온실가스 감축에 참여할 수 있도록 촉진하는 것이 주요 활동 주체임을 의미한다. 이를 위해 부정적 장애요인의 제거 또는 긍정적 요인의 촉진이 필요하다.

셋째, 유치국의 배출 감축에 기여하면서도, 감축실적을 다른 당사국이 사용할 경우 유치국에 이익이 있어야 한다는 원칙을 명시한다. 이중계산을 방지하는 시장 메커니즘의 특성상, 대부분 국가는 이러한 메커니즘이 유치국에 이익을 제공할 것이라는 선언적 의미로 해석한다.

넷째, 전 지구적 온실가스 감축 기여는 시장 메커니즘 사용 시 온실가스 배출량이 증가하지 않도록 보장하는 것을 의미한다. 제6조 4항의 메커니즘은 감축량 일부를 배출권으로 발행하지 않음으로써, 그만큼 전 지구적 배출량 감축에 기여하는 구조로 설계되었다.[5]

제6조 5항은 감축실적의 이중계산을 방지하기 위한 규정을 담고 있다. 유

5) 위의 책, 202쪽.

치국과 감축실적을 분배할 경우, 유치국은 다른 당사국으로 이전된 감축실적을 자국 NDC에 사용할 수 없으며, 상응조정의 대상이 된다.

제6조 6항에서는 개도국의 기후변화 적응과 메커니즘 운영에 필요한 행정비용 조달을 위한 근거를 제공한다. 이는 청정개발체제(CDM)에서 CER 발행 시 적응기금을 마련하기 위해 일정 비율을 차감하는 방식과 유사하다.

마지막으로 제6조 7항은 파리협정 당사국회의의 권한하에 지속가능발전 메커니즘이 설립 및 운영된다는 내용을 포함한다. 감독기구가 메커니즘을 관리하지만, 당사국회의에서 운영 지침과 규칙을 채택하며, 현재 이를 위한 논의가 진행 중이다.

[표 36] 파리협정 제6조 8항~9항

원문	해석
[Article 6.8] Parties recognize the importance of integrated, holistic and balanced non-market approaches being available to Parties to assist in the implementation of their nationally determined contributions, in the context of sustainable development and poverty eradication, in a coordinated and effective manner, including through, inter alia, mitigation, adaptation, finance, technology transfer and capacity-building, as appropriate. These apporaches shall aim aim to: (a) Promote mitigation and adaptation ambition; (b) Enhance public and private sector participation in the implementation of nationally determined contributions and (c) Enable opportunities for coordination across instruments and relevant institutional arrangements.	[제6조 8항] 당사국은 지속가능한 발전과 빈곤퇴치의 맥락에서, 특히 완화, 적응, 금융, 기술 이전 및 역량 배양 등을 통해 적절히 조율되고 효과적인 방식으로 NDC의 이행을 지원하기 위해 당사국이 이용가능한 통합적이고, 전체적이며, 균형적인 비시장 접근의 중요성을 인식한다. 이러한 접근은 다음을 목표로 한다. (a) 완화 및 적응 의욕 촉진 (b) NDC 이행에 공공 및 민간 부문의 참여 강화 (c) 여러 기제 및 관련 제도적 장치 전반에서 조정의 기회를 마련
[Article 6.9] A framework for non-market approaches to sustainable development is hereby defined to promote the non-market approaches referred to in paragraph 8 of this Article.	[제6조 9항] 지속가능한 발전에 대한 비시장적 접근 프레임워크를 이 조 8항에 언급된 비시장적 접근을 촉진하기 위해 정의한다.

출처: 파리협정(2016).

파리협정 제6조 8항의 비시장 메커니즘은 주로 사회주의 국가들로 구성된 볼리비안 연합(ALBA)의 주장에 따라 채택된 것이다.[6] 이 메커니즘에 대한 명확한 정의는 없으나, 일반적으로 국가 간 협력을 하되, 감축 결과물(온실가스 감축 성과)을 요구하지 않는 방식으로 해석된다.[7] 이는 전통적인 UNFCCC 체제하에서 개도국에 대한 선진국의 지원 방식과 유사하다. 즉, 선진국이 개도국의 NDC 이행을 지원하더라도 ITMO(국제적으로 이전된 감축 결과물)를 요구하지 않는 개념이다.

---

6) The Bolivarian Alliance for the Peoples of our America(ALBA): 볼리비아, 쿠바, 도미니카 공화국, 베네수엘라 등 11개국으로 구성.

7) 위의 책, 204쪽.

3. ITMO의 개념 및 배경

3.1 정의

ITMO(Internationally Transferred Mitigation Outcome)는 '국제적으로 이전된 감축 결과물'을 의미한다. 한 국가가 타국에서 온실가스 감축 활동을 진행한 후 그 실적을 거래하여 자국의 온실가스 감축목표(NDC)에 반영하는 개념이다. 즉, 한 국가가 국외에서 발생한 탄소 감축 실적을 자국의 감축목표 달성에 사용하도록 하는 것이다.

파리협정 제6조 2항에 따르면, NDC 이행 및 달성 목적으로 국가 간 거래 또는 이전된 감축 실적을 ITMO라고 정의하며, 국가들은 협력을 통해 ITMO를 발행, 이전, 그리고 사용할 수 있다. 이를 통해 국가 간 양자 또는 다자 협력 사업을 통해 ITMO를 거래하거나, 배출권거래제를 운영하는 국가 간에 시장 연계를 통해 활용할 수 있는 구조가 가능하다.

3.2 주요 개념

이중계산의 방지는 제6조 활용의 환경 건전성과 투명성 담보를 위해 꼭 필요하다. 기후협상 또는 탄소시장에서 이중계산(double counting)은 일반적으로 온실가스 감축 결과물이 감축목표에 한 번 이상 사용되는 것을 의미한다.[8] 파리협정 체제에서는 ITMO(국제적으로 이전된 감축 결과물)의 이중계산 문제가 발생할 수 있다. 대표적인 유형은 다음과 같다. 첫째, 동일한 ITMO에 대해 판매국과 구매국이 모두 자국의 NDC 달성에 사용하는 '이중요구(double claiming)', 둘째, 여러 국가가 하나의 ITMO를 사용하는 '이중사용(double usage)', 셋째, 동일한 감축 사업을 두 개 이상의 메커니즘에 등록하는 '이중등록(double registration)', 마지막으로 동일한 감축 사업에서 두 번 이상 ITMO를 발급받는 '이중발급(double issuance)'이 있다.[9]

청정개발체제(CDM)에서는 감축 실적(CER)이 발급된 국가가 교토의정서에 따른 감축 의무를 지지 않기 때문에 이중계산 문제가 발생하지 않는다. 하지만 파리협정에서는 모든 국가가 자발적으로 NDC 감축목표를 보유하고 있으므로, 명확한 보고 및 산정 체계가 없다면 ITMO 거래 시 판매국과 구매국 모두 동일한 실적을 자국 NDC 달성에 사용하려는 이중계산 문제가 발생할 수 있다. 이 경우 ITMO 거래가 온실가스 감축을 실제로 달성하지 못할 가능성이 있으며, 오히려 전 세계적인 온실가스 배출량 증가를 초래할 수 있다.[10]

이를 방지하기 위해, ITMO를 국제적으로 이전할 때 양국은 엄격한 산정 방식을 통해 상응조정(corresponding adjustment)을 시행해야 한다(UNFCCC 2015, para 36).[11] 예를 들어, 판매국은 이전한 양을 실제 배출량에 더하고, 구

8) Climate Focus(2016). "Double Conting in the Paris Agreement".

9) 위의 책, 197쪽.

10) 위의 책, 198쪽.

11) 파리협정 제6조 활용의 환경 건전성을 보장하기 위해 ITMO를 거래한 양 당사자가 상응하는 수량을 산정하는 방법론으로, 판매국은 수량을 더하고 구매국은 차감하는 방식이다. 예를 들어 판매국A는 실제 배출량에 이전받은 양을 더하고, 구매국B는 이전한 양을 차감해서 조정/보고하는 것이다.

매국은 이전받은 양을 배출량에서 차감한다. 즉, 거래 후에도 양국의 총배출량은 거래 전과 동일해야 한다. 상응조정을 통해 ITMO가 이중으로 산정되지 않도록 해야 하며, 그렇지 않으면 왜곡된 감축 성과가 발생할 위험이 있다.

또한, 제6조 3항은 ITMO 거래가 참여국의 허가를 받아야 한다고 규정하고 있다. 이는 교토 메커니즘보다 각국의 권한과 책임을 강화한 것으로, NDC 목표 설정, 이행, 달성은 각국 정부가 책임지는 반면, 감축 사업은 대부분 민간기업에 의해 수행된다. 따라서 ITMO 거래 시 참여국은 이를 인식하고 책임을 져야 한다는 점이 강조된다.

[그림 12] ITMO 이전 및 상응조정

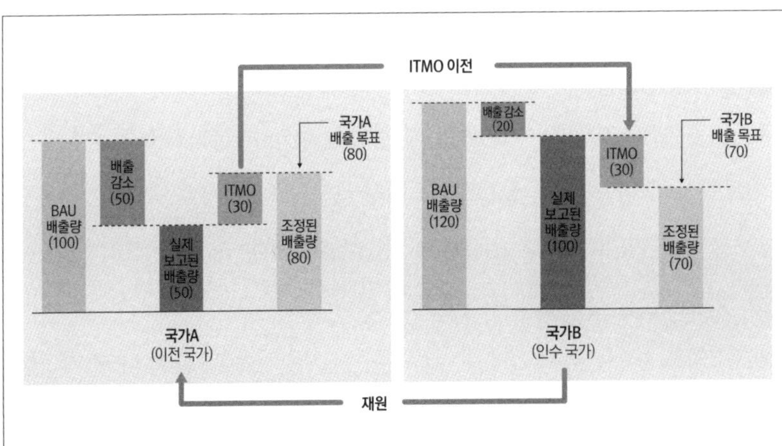

출처: 세계은행그룹(2023).

3.3 제6조 감축 결과물 거래 구조 및 절차

파리협정 제6조 중 감축 결과물의 생산과 이전 절차에 관한 내용은 2항(이하 6.2조)과 4항(이하 6.4조)에서 다루고 있다. 6.2조에서 ITMO는 국가 간 자발적인 양자협력을 통해 이전 가능하며, 상응조정을 거쳐야 한다. 6.4조에서 생산되는 감축 결과물은 AR6.4 ERs(Emission Reductions units)이라 칭하며, UNFCCC 산하 감독기구(Supervisory Body, SB)의 중앙집권적인 통제하에서 발행된다. 이 또한 이중계산 방지를 위한 상응조정을 거쳐야 한다.

6.2조에서 감축량 측정은 IPCC에 의해 개발된 방법론에 근거하여 이산화탄소 상당량 톤(t CO_2-equivalent) 단위로 계산한다. 이 밖에 비(非)이산화탄소 계열 온실가스[12]의 경우 당사국의 합의에 따라 당사국의 NDC 달성 목적으로 포함시킬 수 있으며, 측정 방법론 역시 합의하에 선택할 수 있다. 6.4조는 6.2조와 마찬가지로 IPCC 방법론에 따라 이산화탄소 감축량을 측정하도록 규정하고 있다. 6.2조에서 당사국의 협의에 따라 측정 방법론 등을 자율적인 협의에 따라 규정하고 있는 것에 반해, 6.4조는 SB의 승인을 받은 방법론만을 사용하도록 규정하고 있다.

6.2조와 6.4조를 통해 생산된 감축물은 모두 다음과 같이 네 가지 방식으로 이전이 가능하다.[13]

① 사업 유치국(이하 유치국, host country)에서 사업 투자국(이하 투자국, receiving country)의 NDC 충족을 목적으로 한 감축물 이전

12) 메탄, 아산화질소, 수소불화탄소, 과불화탄소, 육불화황.

13) The Oxford Institute for Energy Studies(2022). "Article 6 and Voluntary Carbon Markets".

② 유치국이 국제 의무탄소시장을 통해 민간에 판매(CORSIA[14])

③ 유치국이 투자국의 자발적 탄소시장(VCM)에 판매(투자국의 민간기업에 판매)

④ 유치국이 자국의 자발적 탄소시장(Voluntary Carbon Market, VCM)에 판매(유치국의 민간기업에 판매)

사례 ①, 즉 투자국의 NDC 충족을 위해 감축 결과물이 이전되는 경우, 유치국은 감축물의 첫 이전 시 상응조정을 실시해야 한다.[15]

사례 ②~④의 경우, 감축 결과물의 발행(issuance), 사용(use) 또는 폐기(cancellation) 등 어떠한 단계나 시점에서라도 양 당사국의 합의에 따라 상응조정 시점을 정할 수 있다.

사례 ①~③에서 상응조정은 필수이나, 사례 ④에서 상응조정 여부는 유치국의 결정에 따라 정해질 수 있다. 6.2조에서의 거버넌스는 당사국들의 합의에 따라 자발적으로 구축할 수 있는 분권화된 형태를 가진다. 한편 6.4조에서의 거버넌스는 UNFCCC의 SB에 의해 통제를 받는 중앙집권적 형태를 따른다.

6.2조에서 감축 결과물의 이전에 대한 승인은 양 당사국 간 "협력적 접근법(cooperative approches)"에 의거, 유치국에 의해 이루어져야 한다. 6.4조에서의 감축 결과물인 AR6.4 ERs이 당사국들의 NDC 달성에 사용될 목적으로 이전되어야 할 경우, 유치국은 이전 승인 후 SB의 허가를 받아야 한다.

---

14) 국제항공 탄소상쇄 감축제도(Carbon Offsetting and Reduction Scheme for International Aviation)의 약자로, 국제항공 온실가스 배출량을 2020년 수준으로 동결하는 것을 목표로 한다. 이를 초과해 배출한 항공사는 탄소시장에서 배출권을 구매하여 상쇄해야 한다. 국제민간항공기구(International Civil Aviation Organization, ICAO)에서 관장하고 있다.

15) 유치국의 허가(autorization) 없이는 어떠한 감축 결과물도 이전될 수 없다.

6.4조는 사업을 통해 생산된 감축 결과물의 일정 부분을 국제사회에 기부하도록 규정하고 있다. 전체 감축물의 5%를 적응 펀드(Adaptation Fund)에 기부해야 한다.[16] 또한, 전 지구적 감축(Overall Mitigation in Global Emissions, OMGE)에 기여하기 위해 전체 생산된 감축물의 2%를 폐기해야 한다. 이외에 UNFCCC의 행정 처리비용을 사업 당사국들에 부과하기 위한 논의도 진행 중이다.

6.2조에서 보고의 경우 착수 보고서(initial report), 연간 정보, 정기 정보, 최종 보고 등을 제출해야 한다. 6.4조에서 사업에 관한 보고 내용은 SB에서 논의 중이며, 2024년 10월 현재 확정된 바 없다. 양 조항에 근거한 모든 사업의 경우 UNFCCC SB가 향후 구축할 디지털 등록부(registry)를 활용해야 한다.

한편 2023년 11월 30일~12월 13일에 개최된 제28회 기후변화 당사국총회(Conference of Parties 28, COP28)에서 제6조 감축 결과물 이전 전반에 대한 합의가 이루어지지 않았고, 세부 규정 내용 역시 논의 중이다.

---

16) SOPA(Share of Proceeds for Adaptation) 5%라고 표현하기도 한다.

[표 37] 파리협정 제6조 감축 결과물과 자발적·의무 탄소시장 크레딧 비교

프레임워크 형태	크레딧 형태	용도	거버넌스	절차	예시
6.2조	ITMO	투자국의 NDC 충족	· 양자협정	· 첫 이전 시 상응조정 실시	스위스와 가나 협정
	ITMO	국제의무시장 활용	· 양자협정	· 유치국의 선택에 따라 허가, 발행, 사용/폐기 시점 중 택일하여 상응조정 실시 · 유치국의 선택에 따라 허가, 발행, 사용/폐기 시점 중 택일하여 상응조정 실시	CORSIA 활용
	ITMO	투자국의 VCM(민간 기업) 판매	· 양자협정		민간기업이 구매하여 VCM에서 거래
6.4조	6.4조 하에서 ITMO (AR6.4 ERs)	· 투자국의 NDC 충족 · 국제 의무 시장 활용 · 투자국의 VCM(민간 기업) 판매	· SB에 의한 중앙집권적 통제	· 첫 이전 시 상응조정 실시 · 전체 감축물 중 일부 공제 – 적응펀드에 5% 기부 – 전 지구적 감축 기여를 위한 2% 폐기	· 6.4조에 의거한 양자협정을 통해 AR 6.4 ERs를 CORSIA로 이전 · 투자국 내 민간 기업이 AR6.4 ERs를 구매하여 VCM에서 거래
VCM	유치국의 승인 불필요	· 민간기업이 스스로 생산 및 활용	· Gold Standard, Verra 등 VCM 주요 기준에 의거	VCM 기준을 제공하는 단체의 규정에 의거	Gold Standard나 Verra 등록부 활용
의무시장	국별 NDC 활용	· 목표관리제 대상 기업 및 분야에서 활용	· 국제 및 국가의 개별 법규에 의거	법률을 통한 규제	한국 ETS, EU-ETS 등

출처: The Oxford Institute for Energy Studies(2022).

3.4 제6조 2항 감축 결과물 관련 국제협력

세부 지침이 아직 명확히 정해지지 않았음에도, 파리협정 6.2조 실행과 관련한 국가 간 협력이 증가하고 있다. 아랍 에미리트 기업인 Blue Carbon은 사업 진행을 위해 라이베리아, 탄자니아, 잠비아 등과 양해각서(Memorandum of Understanding, MoU)를 체결했다. 양자협력 건수의 증가 이유는 국가들이 제6조 사업을 통한 NDC 달성의 중요성이 높아졌기 때문으로 볼 수 있다.

한편 양자협력에 있어 유치국(또는 협력국)의 역량 부족은 사업 진행에 큰 걸림돌로 작용할 것으로 예상된다. 이에 따라 UNDP(United Nations Development Programme), GGGI(Global Green Growth Institute), 다자개발은행

[그림 13] 6.2조에서 양자협력 현황(2023년 4월까지)

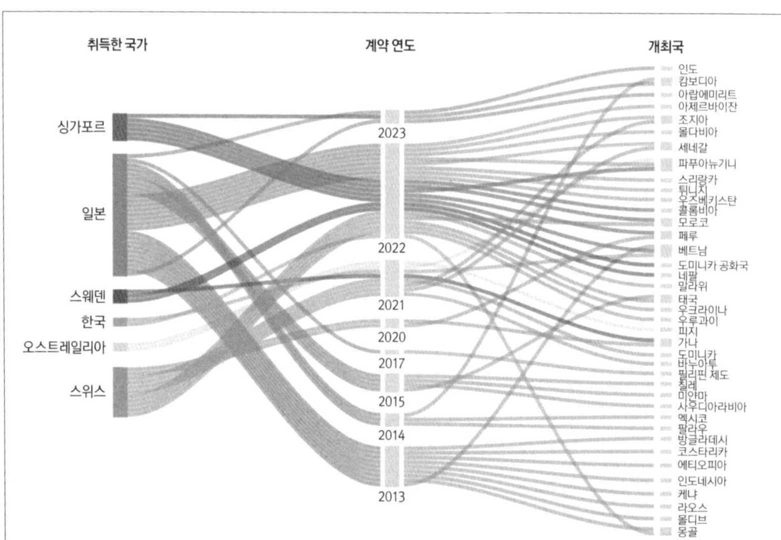

출처: 세계은행그룹(2023).

등에서 유치국의 역량 강화와 탄소시장 기반 조성을 위한 원조 프로그램들을 실행하고 있다. 우선 감축분의 국외 이전을 위한 자국 내 절차와 기준, 나아가 법적 정당성을 마련해야 하는 과제를 안고 있다.

3.5 대한민국의 ITMO

우리나라는 2015년 6월 유엔 기후변화협약 사무국에 제출한 NDC에서 국제탄소시장을 부분적으로 NDC 이행에 활용한다고 명시하였다. 이후, 우리나라는 수정 로드맵을 통해서 2030년 BAU 대비 37% 국가 감축목표의 이행을 위해서, 국내 감축을 32.5%, 흡수원과 국외 감축(ITMO의 확보 및 NDC 사용)으로 4.5%를 달성한다는 계획을 수립하였다.[17]

우리나라는 NDC의 10.5%를 국외에서 감축해야 하며, 현재 NDC로 설정된 2030년 한 해 ITMO의 양은 3,350만 톤에 달한다. 즉, 우리나라는 2030년까지 총 3억 3,500만 톤을 ITMO로 확보해야 감축목표 달성이 가능하다는 뜻이다. 그러나 국외 감축의 경우 감축 결과물을 우리나라와 우리가 감축사업을 진행한 국가와 나눠야 하므로, 2030년까지 우리나라가 3억 3,500만 톤의 ITMO를 확보하려면 최소 6억 7,000만 톤의 감축 성과를 내야 한다.[18]

국무조정실(2050 탄소중립 녹색성장위원회)은 ITMO 확보를 위한 준비의 첫

17) 박순철, 오채운(2020). "파리협정 제6조의 상응조정 방식에 관한 연구: ITMO와 배출권거래제의 연관성을 중심으로".

18) 한국기후변화연구원. COP26 결과공유와 대응전략 세미나(2021. 11. 19).

단계로, 2023년 1월 1일 '국제감축사업 사전승인 및 국제감축실적의 취득 등에 관한 지침'을 제정하였다. 본 지침에서 국제감축사업의 사전승인 및 등록 관리절차, ITMO의 취득·거래·이전 등의 신고 및 등록 절차, 정부의 국제감축사업 수행 절차 등을 규정하였다.

우리나라는 2023년~2024년 방글라데시, 브라질, 칠레, 콜롬비아, 인도, 인도네시아, 라오스, 몽골, 모로코, 미얀마, 페루, 필리핀, 사우디아라비아, 스리랑카, 태국, 아랍에미리트, 우즈베키스탄, 베트남 등의 국가들과 6.2조 관련 협력사업 진행을 위한 논의를 진행 중이거나 협정을 체결하였다.[19] 특히 우즈베키스탄과 캄보디아, 베트남과는 감축 결과물이 한국 상쇄 크레딧(Korea Offset Credit, KOC[20])으로 전환되는 것을 전제한 사업 실행에 대한 협정이 체결되었다.

한국과 협력국의 MOU는 "대한민국 산업통상자원부-상대국 부처 간 파리협정 제6조 이행에 관한 양해각서"로 명명된다. 주요 내용으로 △실무작업반 구성을 통한 파리협정 제6조 관련 협력 사업 발굴, △감축실적 이전을 위한 절차·기준 개발 등 추진, △상대국 제도 정비 이전에 시범사업으로 선정·추진 중인 사업의 향후 지위 보장 등이 포함된다(산업통상자원부, 2024).

현재 진행되고 있는 사례로 '한-캄보디아 E-Mobility 감축사업'을 들 수 있다. 한국정부는 국제감축사업으로 충전 인프라에 투자하고, 민간기업인 ㈜베리워즈는 충전 인프라를 기반으로 e-Scooter를 보급하여 캄보디아 내 e-Mobility를 활성화함으로써 온실가스 감축분을 이전해오는 것이다.

동 사업은 프놈펜, 시엠립 지역에 2024년 100곳 이상의 충전 인프라를

19) 세계은행그룹(2023). "State and Trends of Carbon Pricing 2023".

20) 국제적 기준에 부합하는 방식으로 외부사업을 통해 발급받은 인증실적으로, 기업은 자신이 보유한 KOC를 상쇄배출권(Korea Credit Unit)으로 전환할 수 있다.

구축하고 e-Scooter 8,000대를 우선 보급한 후 2043년까지 273만 대로 확대할 계획이다. 주로 우리은행, 사타파나 은행 같은 은행 지점과 이온몰 KIM마트 등 중대형마트의 공간을 활용하여 충전 인프라를 설치할 계획이다. 이를 위해 총 200억 원 규모의 공공-민간 공동 투자가 진행될 예정이다.

적용방법론은 UNFCCC의 '전기와 하이브리드 차량에 의한 배출감소 원칙(AMS-III.C. Ver10.0)'에 따라 2021년 7월: 캄보디아 e-Scooter를 이용한 CDM 사업을 위해 캄보디아 환경부 LOA를 수령했고, 이후 UNFCCC p-CDM을 최종 등록했으며 CDM 사업을 SDM으로 전환하였다. 예상 감

[그림 14] 6.2조에서의 양자협력 현황(2023년 9월까지)

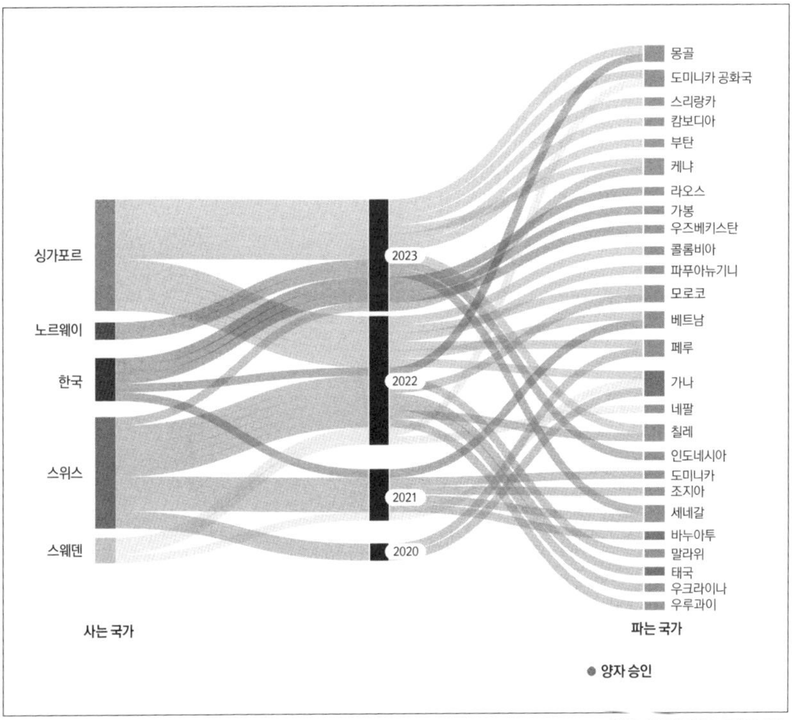

출처: 세계은행그룹(2023).

축분은 향후 30년간 연평균 48만 톤으로 예상된다. 감축량의 배분은 향후 협의사항이며 한국과 캄보디아가 7:3으로 나누는 안, 한국이 초기 10년 감축분을 확보하고, 이후 10년간은 캄보디아가 확보하는 안 등이 있다. 이와 같은 결실을 맺게 된 배경에는 기업과 정부의 유기적인 협력이 있다. 기업은 아이디어를 내어 현지 타당성 조사 등 과감한 선투자를 단행했고, 한국에너지공단(캄보디아 에너지정책컨설팅 지원사업, 온실가스 감축사업 등), KOICA(IBS 포용적 비즈니스 프로그램), KIAT(산업에너지 ODA) 등의 공공 기관은 ODA를 위시한 다양한 프로그램으로 협력국의 탄소중립과 기업의 진출을 위한 다양한 지원을 시행했다.[21]

21) 산업부, 베리워즈 내부자료.

Part 4

ITMO를 통한 가나-스위스 개발협력 사례

1. 배경[1]

신기후체제 도입에 따라 개발도상국 역시 자발적이긴 하나 NDC를 이행할 의무를 지게 되었다. 하지만 기후 영향이 더욱 빠르고 널리 퍼짐에 따라 이행을 위한 비용 역시 지속적으로 증가하고 있다. 투자국과 유치국 모두 NDC 이행 의무를 가지고 있으므로, 국가 간 협력을 통한 ITMO 거래는 활발해질 것으로 보인다.

2022년 12월 12일 COP27에서 가나와 스위스, 그리고 바누아투는 제6조 2항에서 자발적 협력을 통해 온실가스 감축 사업을 시행할 것임을 천명했다. 본 사업을 통해 온실가스 감축뿐만 아니라 고용 증가, 에너지에 대한 접근성 확대, 지역민의 삶의 질 제고, 식량 확보, 성평등 확대 등 SDGs 달성을 목표로 하고 있다. 이 사업은 제6조 2항 메커니즘을 통한 첫 양자협정으로 기록되었다. 스위스는 2023년 2월 태국과도 양자협정을 체결했으며, 아시아에서의 첫 제6조 2항 사업으로 승인받았다.

스위스는 가나와 바누아투와의 협력을 통해 ITMO를 확보하여 스위스 연방정부의 온실가스 감축에 사용될 계획이다. 그러나 이 사업을 통해 생산되는 ITMO는 스위스의 NDC에 적용되지 않을 것이며, 이전된 후 폐기할 예정이다. 바누아투는 군소도서국(Small Island Developing State, SIDS) 중 하나로, 스위스와 협력을 통해 전기가 들어오지 않는 지역에 재생에너지를

1) Part 4는 United Nations Development Programme(UNDP)(2022). "Ghana, Vanuatu, and Switzerland launch world's first projects under new carbon market mechanism set out in Article 6.2 of the Paris Agreement" 내용 중에서 발췌.

공급할 계획이다.

가나, 스위스, 그리고 바누아투 간 사업은 유엔 개발 프로그램(United Nations Development Programme, UNDP)의 지원을 통해 이루어진다. UNDP는 'Carbon Payment for Development Facility(CP4D Facility)' 제도를 통해 제6조 국가 간 협력적 접근법을 지원할 예정이다. CP4D는 탄소시장을 활용하여 민간 부문과 국영 기업의 투자를 유도하여 NDC 달성과 유치국의 SDGs 달성을 지원하는 제도이다. CP4D Facility의 주요 달성 목표는 ① 유치국의 역량 배양, ② 사업 관리 및 추적을 위한 디지털 솔루션 개발, ③ 재정적 유인 제공을 통한 ITMO 거래 활성화이다. 이 장에서는 가나와 스위스 간 협력 사례에 대해 살펴보겠다.

2. 가나 청정에너지 공급 프로그램(NCEP)

2020년 2월 가나와 스위스는 양해각서 체결을 통해 ITMO 프로젝트를 시작하였다.[2] 이는 국제기구인 UNDP를 매개로 파리협정하에서 협력적 접근법에 따른 최초의 프로젝트이다. 계약체결을 통해 스위스는 가나로부터 ITMO를 구매할 예정이다. 가나의 사업 개발자(project developer)는 ITMO 판매 수익을 전제로 재생에너지 시설에 투자할 계획이다.

가나는 온실가스 감축을 위한 NDC를 제출하였다. 2030년까지 2016년 기준 배출전망치(Business As Usual, BAU)[3] 대비 절대적 감축 15%와 조건부 감축 30% 등 총 45%를 감축할 예정이다. 이는 2030년까지 매년 온실가스 220만 톤을 감축할 계획임을 의미한다. 가나 정부는 20여 개의 감축 행동을 통해 2016년 기준 배출전망치 대비 45% 감축을 통해 NDC 달성 목표를 수립했다. 공공재원을 활용한 천연가스 발전과 조림사업을 통해 절대적 감축을 달성할 예정이다. 또한, 외부사업을 통해 조건부 감축 30%를 계획하고 있으며, 이는 재정 지원, 기술이전, 역량 배양을 통해 이루고자 한다. 가나 정부는 절대적 및 조건부 NDC 달성을 위해 226억 달러 규모의 재원이 국내외, 공공 및 민간 부문에서 마련되어야 할 것으로 추산하였다.

가나의 에너지 부문에서의 조건부 감축목표의 주요 내용은 다음과 같다. 첫째, 2030년까지 전체 발전원의 10%까지를 재생에너지로 확대한다. 둘째,

2) UNDP(2022). "The Ghana-Switzerland Case Study: Advancing the Paris Agreement Through Cooperative Approaches."

3) 배출전망치는 감축을 위한 특별한 조치를 취하지 않을 경우 예상되는 온실가스 배출량을 의미.

농촌 지역에 청정에너지원을 활용한 전기를 공급한다. 셋째, 민간 영역의 투자 유치를 통한 청정 조리용 화구를 보급한다.

가나는 자국의 국가 청정에너지 공급 프로그램(National Clean Energy Access Programme, NCEP)을 통해 조건부 감축목표 달성을 위한 수단을 마련할 것이며, 이 프로그램에서 발생하는 ITMO는 스위스에 판매된다. NCEP를 통해 태양광 패널 등과 같은 재생에너지 기반시설 보급으로 감축 결과물을 생산한다. 스위스에 판매한 후 남는 ITMO는 가나의 NDC 달성에 사용된다. NCEP를 통해 청정에너지를 공급하고, 관련 기간 시설들을 건설하는 과정에서 일자리 창출, 지역민들의 지속가능한 생활 형태로의 전환을 기대하고 있다. 동시에 지역민들의 보건, 교육, 위생, 식량 생산 등에 도움이 될 것으로 예상한다. 지역 거점 재생에너지 구축을 통해 가나 역내 사업체들의 경제활동이 활발해질 것이며, 나아가 가나 국가 차원의 지속가능한 발전에 도움이 될 것이다.

[그림 15] 가나의 NCEP를 통한 감축계획

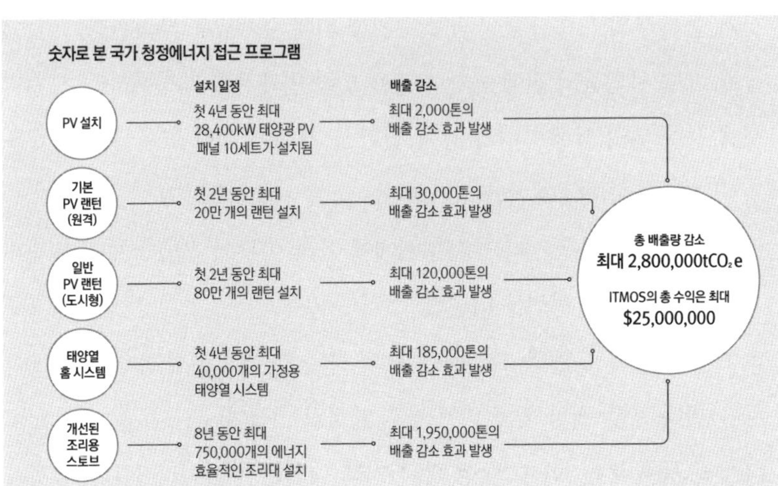

출처: UNDP(2020).

2.1 가나의 ITMO 거래 준비 현황

가나의 ITMO 거래를 위해 제반 상황에 대한 준비가 필요하다. ITMO 거래를 위해 감축 결과물 승인 절차, 검인증자 인가, 인증보고서 및 상응조정 승인 절차 등 제도가 수립되어야 한다. 또한, 감축 결과물의 발행과 이전을 위해 국가 탄소등록부(National Carbon Registry, 이하 등록부) 준비가 필요하다.

가나 환경보호국(Environmental Protection Agency, EPA)은 현재 등록부 설계를 준비 중이다. 기존에 보유 중인 모니터링 시스템과 연동시킬 계획이다. 등록부는 투명성을 담보할 수 있는 국제 기준들을 반영하고, 이중계산(double accounting)을 방지할 수 있는 방향으로 설계된다. 등록부를 통해 감축 결과물의 거래현황을 관리 및 통제할 예정이다.

엄격한 탄소 배출 측정·보고·검인증 체계(Measurement, Reporting, Verification, MRV)가 반영된 등록부 설계를 위해 다음과 같은 요소들을 고려한다.

첫째, 등록부의 지속가능성 담보를 위해 거래 수수료를 부과한다.

둘째, 개별 사업들의 진행 근거 제공을 위한 법체계를 제정한다.

셋째, 등록부의 사용방법과 감축 결과물 거래에 대한 표준 운영절차를 개발하여 이중계산을 방지한다.

넷째, 모든 상거래는 가나의 은행체계에 따라 이루어지며, 국제 금융체계상 통용되는 방식을 따른다.

다섯째, 민간 주도 감축 사업들은 모두 가나 정부의 공식 승인을 받아야 한다. 승인 절차 및 범위는 차후 제정될 예정이다.

다섯째, 등록부는 NDC 달성 관련 거래 내역뿐만 아니라, NDC 달성과 무관한 감축사업 데이터 역시 취합한다.

여섯째, 등록부는 해킹으로부터의 보호를 위한 방화벽 등을 구축할 것이며, 등록부의 위험성 평가내용은 가나의 재난·재해 복구 계획에도 반영한다.

3. 가나-스위스 ITMO 거래 실행 및 재정 협력 체계

양 국가 간 ITMO 거래를 위해, 먼저 양자협정 체결이 필요하다. 양자협정 체결 전에, 양해각서를 통해 국가 간 역할 범위를 정하는 것이 협력의 속도를 높이는 방법이 될 수 있다. 가나와 스위스는 2020년 2월 양해각서 체결을 통해 ITMO 거래 양자협정 체결 의사를 상호 확인했다. UNFCCC 정책과 제6조 2항에 근거하여, 양국은 협력적 접근방법을 활용한 양자협정을 체결할 예정이다.

3.1 ITMO 거래 시작을 위한 조건

가나와 스위스는 ITMO 거래 양자협정 체결 및 운영체계 준비, ITMO의 판매자와 구매자 간 거래체계 구축을 위해 투 트랙 전략을 구사한다. 첫 번째 트랙은 정치적 트랙으로써, 양자협정 체결을 통해 감축 행동과 감축 결과물인 ITMO 이전에 대한 범위와 가이드라인을 정하는 것이다. 두 번째 트랙은 양자협정을 통해 결정된 가이드라인하에서 운영될 상업적 체계 구축 트랙을 내용으로 한다. 상업적 트랙을 통해 실제 ITMO 거래와 대금 지급, 프로젝트 파이낸싱에 대한 구체적인 절차들이 수립된다.

3.1.1 정치적 트랙 : 양자협정 체결

ITMO의 품질 유지를 위해 가나와 스위스는 협력 범위 설정, 감축 결과물의 상응조정을 통한 환경 건전성 담보 방안, 등록 양식, ITMO 발행 및 이전 등에 관한 법적 효력을 갖는 양자협정이 체결되어야 한다. 양자협정은 포괄적 협정으로써 가나 내에서의 감축 활동을 모두 포함할 수 있는 내용을 담는다.

1) 운영위원회 구성

본 사업을 감독하고, 감축 활동 설계 문서(Mitigation Activity Design Document, MADD: 협력적 접근법의 모든 절차를 규정하는 문서)와 같은 중요 문건 작성 지원을 위해 운영위원회가 구성되었다. 운영위원회는 감축 결과물을

[그림 16] 양자협력 단계 및 국별 역할

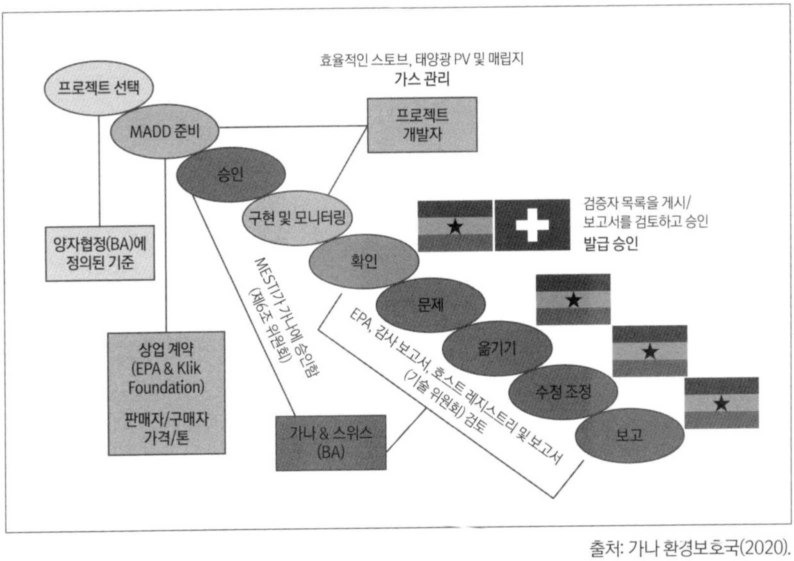

출처: 가나 환경보호국(2020).

이전하는 국가의 권한 조정에 대한 정치적 결정권을 가질 예정이다.

2) 양자협정 체결을 위한 법적 문구 협의

양자협정 체결에 포함된 주요 내용으로 ITMO의 생산과 이전에 관한 규정, 환경 건전성 확보를 위한 협력적 접근법 도입, 지속가능한 개발 촉진을 위한 방안 등이 있다.

환경 건전성 확보를 위해 다음과 같은 절차를 통해 법적 문구에 합의한다.

첫째, 지속가능한 개발 전략과 이에 부합하는 환경 건전성에 대한 포괄적인 기준을 설정한다.

둘째, 양국 개별적으로 기준에 대해 검토한다.

셋째, 양국의 검토 내용을 기준 설정에 반영한다.

또한, ITMO 이전을 위한 원칙 설정 시 다음과 같은 내용들을 반영한다.

첫째, 산업체의 배출전망치 산정 시 보수적으로 계산한다.

둘째, NDC와 현존하는 산업 분야 개발정책을 고려한다.

셋째, 이전하는 국가의 강화된 기후행동을 장려하는 요인들을 고려한다.

넷째, 국제 기후기금의 활용을 고려한다.

3) 양자 협의

양국의 협상단이 세 차례 협의를 거친 후, 2020년 11월 23일 양국 대통령은 양자협정을 체결했다.

3.1.2 상업적 트랙

상업적 트랙을 통해 ITMO의 거래 방법에 대해 합의를 도출한다. KliK[4]는 ITMO 사업의 상업적 트랙을 이끌며, 가나 환경보호국의 감축 행동계획 수립과 가나의 개발 목표 달성을 지원할 예정이다. KliK는 스위스 국내외 탄소 배출 저감 및 ITMO 사업에 투자하는 스위스 소재 재단법인으로, 2012년 스위스 석유협회가 출자하여 설립되었다. 스위스 CO_2법은 석유 사업자들이 판매한 화석연료 사용을 통해 배출된 CO_2를 상쇄하도록 규정하고 있다. KliK는 탄소 배출 저감 사업 진행을 통해 스위스 석유 사업자들의 감축 의무를 대행하고 있다. 향후 가나에서 ITMO를 구매할 계획이다. 스위스 정부는 KliK를 통해 다수 국가들과 ITMO 획득을 위한 양자협력을 진행해왔다.

상업적 트랙 진행을 위해 KliK는 MADD 개발 과정에 참여한다. MADD는 ITMO 거래 준비단계에서 집행 및 실행단계까지 협력적 접근법의 모든 절차를 담게 된다. ITMO 거래를 위한 요구조건, 단계별 실행 내용 등 협정의 기본이 되는 내용이 포함된다. MADD는 KliK와 양국의 결정에 대한 근거를 제시한다.

MADD는 당사자들에게 가이드라인 제시 이외에도, 다음과 같은 주요 기능을 포함하게 된다.

첫째, MADD는 감축 행동을 통해 생산되는 결과물의 소유권 결정에 대한 근거를 제시한다. 감축 결과물 구매계약지침(Mitigation Outcome

4) Stiftung Klimaschutz und CO_2-Kompensation: Foundation for Climate Protection and Carbon Offset.

Purchase Agreement, MOPA)을 통해 감축 결과물의 거래에 대한 정의를 제공한다. 또한, 양국의 감축 행동에 대한 역할과 책임도 규정한다.

둘째, ITMO 거래로 인해 이전하는 국가가 받게 될 영향에 대한 정보를 제공한다. 이전하는 국가는 ITMO 거래를 위한 사업 진행이 어느 범위에서 이루어질 것인지 결정하며, 이를 담당할 정부 부처 지정, 규제 유무 확인, 권한 설정 등에 대한 이해와 결정이 필요하다.

셋째, 환경 건전성 확보를 위해 의사결정의 투명성이 필요하다. MADD는 투명성을 보장하는 의사소통 절차에 대한 정보를 담는다.

넷째, 사업 진행을 통해 얻게 되는 수익을 어떻게 분배할 것인가에 관한 내용을 담는다. 감축 결과물 생산을 위한 베이스라인 설정에 대한 양국의 논의 결과를 필히 반영한다.

3.1.3 기술위원회

기술위원회는 NDC 집행 전략 수립과 유관 국가기관들의 감축 활동에 대한 기술 가이드라인 제공을 위해 설립되었다. 기술위원회의 임무는 NCEP 집행을 위한 계획을 수립하는 것으로써, 다음과 같은 업무를 수행한다.

첫째, MADD 구체화를 위한 데이터를 구축한다.

둘째, 이해관계자들과의 협의를 위한 워크샵, 회의가 시의적절하게 운영되기 위한 전략을 수립한다.

셋째, 최종 협정 체결이 일정에 맞게 진행될 수 있도록 신속하게 MADD 초안을 검토한다.

넷째, UNDP 컨설턴트와의 협의를 통해 사업 시행 일정을 조정한다.

다섯째, 가나 환경보호국과 KliK의 정기회의에 참석하여 주요 내용을 파악한다.

3.1.4 재정 체계

재정 체계 역시 MADD에 포함될 예정이다. 사업에 투입되는 기술과 감축 행동의 종류에 따라 지원되는 재정 구조 역시 다르게 적용될 것이다. 재정 체계에 대한 세부 내용은 MADD에 수록된다.

성과 기반 획득방식은 현재 산업계에서 진행 중인 고효율 보일러로의 교체와 같은 에너지 효율 제고 사업에 적용된다. 사업 진행은 다음과 같은 순서로 진행한다.

첫째, 잠재적 수혜자를 식별, 선정한다.

둘째, 수혜자들이 고효율 보일러를 자비로 교체한다.

셋째, 수혜자들은 고효율 보일러 교체에 따른 감축성과 모니터링 보고서를 작성, 제출한다.

넷째, 환경보호국은 보고서 검증 후, 수혜자들과 상업적 감축 결과물 구매 계약을 체결한다.

다섯째, 수혜자들에게 대금을 지급한다.

[그림 17] 성과 기반 획득방식(Performance-based Payment Modality)

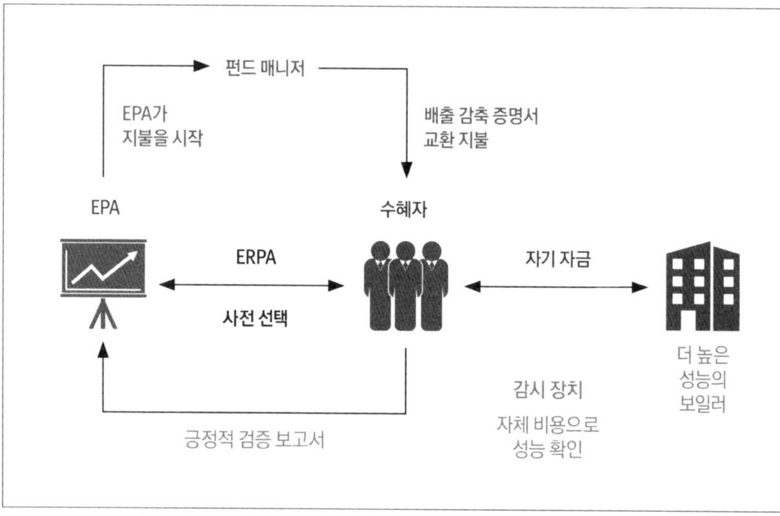

출처: UNDP(2022).

4. UNDP의 준비 지원

UNDP는 가나와 협력을 통해 사업 준비를 지원하고 있다. 가나와 스위스의 ITMO 거래와 계획된 감축 행동들에 대한 기술 협의를 함께하였다. UNDP는 스위스에서 제시한 기술 요구사항들에 대한 가나의 이해를 돕기 위해 기술 지원과 기관의 역량 강화 프로그램을 제공했다. UNDP의 지원으로 인해, 협상 과정은 순수 양자협력에 비해 빠른 속도로 협정이 체결된 것으로 판단한다.

4.1 ITMO 거래 설계 및 집행을 위한 협력적 접근법 도입 지원

UNDP는 세계은행과의 협업을 통해, 세계은행의 감축행동 평가기법(Mitigation Action Assessment Protocol, MAAP)과 국제 이전 준비도(International Transfer Readiness, ITR) 모듈을 활용하여 가나의 역량 배양을 지원한다. UNDP가 실시한 3개국에서의 파일럿 적용을 통해, ITMO 거래를 위해 강화되어야 할 분야를 도출한 바 있다. 엄격한 모니터링, 보고, 검인증(MRV) 체계는 이중계산을 방지하고 시장의 환경 건전성을 유지하기 위해 필수적인 요소임이 밝혀졌다. 또한 제6조 2항의 요구사항에 부합하는 법·제도와 기반시설 구축을 위한 역량 강화의 중요성도 부각되었다.

제6조에 대한 세부 규칙은 아직도 논의 중이긴 하지만, 세계은행이 개발

한 ITR 모듈을 적용한 사업 유치국의 준비도 평가가 UNDP의 지원하에 2020년에 이루어진 적이 있다. 이러한 경험을 바탕으로, UNDP는 가나와의 협력을 통해 ITMO 사업을 지원할 예정이다. 다음과 같은 분야에서의 기술 지원이 이루어진다.

첫째, 성공적인 ITMO 사업 실행을 위해 국제 이전 준비도 평가를 실시한다. 담당 기관의 역량 강화와 기술 지원을 실시하여 원활한 사업 진행을 지원한다. 지원은 UNDP의 감축 행동 평가 절차(Mitigation Action Assessment Protocol, MAPP)에 따라 실행한다.

둘째, 공공과 민간 부문에서의 ITMO 사업에 대한 인식 제고를 위해 노력한다. NDC 사업들의 잠재적 탄소 재원에 대한 정부의 이해도를 높인다. 사업 승인, 감축 결과물의 검인증, 상응조정 적용 등에 대한 정부의 이해도를 제고한다.

셋째, MRV 체계와 감축 유닛 추적이 가능한 등록부 도입을 위한 기술 지원을 실시한다. 파리협정에서 규정하고 있는 격년 투명성 보고서(Biennial Transparency Report, BTR) 작성 역량을 배양한다. 온실가스 배출 감축분을 계산할 수 있는 프로그램을 제공하고, 사업 승인, 검인증, 크레딧 발급에 대한 담당 부서 선정에 도움을 준다.

넷째, 가나 정부의 ITMO 사업 승인, 검인증 보고서 승인, 감축 결과물 이전 등에서 발생하는 행정비용 회수에 대한 가이드를 제공함으로써 지속가능하고 투명한 탄소 재원 마련을 지원한다.

다섯째, ITMO 이전에 필요한 배출 감축분의 법적 토대 마련을 위한 평가를 진행한다. 제6조 2항에 근거한 배출 감축분에 대한 권리와 탄소시장에 대한 법적 근거 마련 여부를 평가한다. 가나 정부의 기존

환경법과 ITMO 거래 관련 법과의 괴리가 있는지를 규명하여, 국가와 주요 부처가 필요한 규제를 신설할 수 있도록 지원한다. 양자협정 이행을 위한 전담부서 신설을 돕는다.

여섯째, UNDP의 기후 행동 영향 기법(Climate Action Impact Tool, CAIT)을 활용하여 사회와 환경 안전망 보호 정책에 부합하는 SDG 영향 평가를 실시한다. 탄소 사업을 시행하는 민간 부문 참여자의 경우 UNDP의 민간 부문 위험평가 기법(Private Sector Risk Assessment Tool)을 활용하여 기업 실사를 실시한다.

일곱째, 감축 결과물을 생산한 사업 개발자(project developer)에게 대금을 지급하기 위한 체계를 구축한다. 필요한 경우 UNDP가 구매자 측으로부터 대금을 수신하여 사업 유치국이 수행하는 사업의 성과를 바탕으로 대금을 지급하는 중개자 역할을 할 수 있다. UNDP는 국가·정치적 리스크를 고려하고, 위험을 회피할 수 있는 탄소 재정 기반을 다지며, ITMO 거래의 투명성을 보장하는 거래 체계를 구축한다.

Part 5

맺음말

기후변화는 전 세계적으로 긴급한 문제로 대두되었으며, 이를 해결하기 위한 국제사회의 정책적 대응이 필수적이다. 파리협정을 비롯한 여러 국제 협약은 각국이 온실가스 배출을 감축하고, 기후변화 적응을 위한 조치를 취하도록 요구하고 있다. 특히, 국가별 기여(NDC)를 통해 각국은 자발적으로 감축목표를 설정하고, 이를 이행하기 위한 정책을 수립해나가고 있다. 이러한 국제적 합의는 기후변화 완화를 위한 세계적인 노력을 촉진하는 동시에, 개발도상국과 선진국 간의 협력을 강화하는 중요한 기초가 되고 있다.

IPCC는 공통사회 경제경로(Shared Socioeconomic Pathway, SSP) 시나리오를 통해 21세기 동안 해양온난화가 현재(1971~2018년 평균) 대비 시나리오에 따라 2~4배에서 4~8배까지 빠르게 진행되는 예측치를 발표했다. 해양온난화는 산성화를 가속화하고 이로 인한 전 지구적 온난화는 식량난은 물론 경제를 위협하는 부정적 영향을 누적시킨다. 즉 IPCC는 기후위기가 인류를 위협하는 가장 큰 리스크임을 경고하고 있다.

파리협정(Paris Agreement)은 2015년 유엔기후변화협약(UNFCCC) 당사국총회(COP21)에서 채택된 국제적 기후변화 대응 협약이다. 이 협정의 주요 목표는 지구 평균기온 상승을 산업화 이전 대비 2도 이하로 유지하고, 더 나아가 1.5도 이하로 제한하는 것이다. 파리협정은 모든 국가가 자발적으로 온실가스 감축목표를 설정하고, 이를 이행하기 위한 정책을 마련하도록 요구한다는 점에서 이전의 기후 협약들과 차별화된다. NDC라는 형태로 각국은 자국의 경제 및 사회적 여건에 맞는 감축목표를 설정하고, 5년마다 이를 갱신하며 점진적으로 더 높은 감축목표를 채택하도록 권장된다.

또한 파리협정은 기후변화 적응과 기후 재정에 대한 중요성도 강조한다. 선진국은 개발도상국의 기후변화 대응을 지원하기 위해 매년 1,000억 달러 규모의 기후금융을 제공하기로 약속하였으며, 이를 통해 저탄소 경제로의 전환과 기후변화로 인한 피해에 대한 복원을 돕는다. 파리협정은 법적 구속력을 가지면서도 각국의 자율성을 존중하는 방식으로 설계되었으며, 이를 통해 국제사회가 공동의 목표를 향해 나아가는 발판을 마련하였다. 2021년 열린 COP26에서는 파리협정의 6조 규정을 논의하며, 국제탄소시장과 협력 메커니즘의 구체적 이행 방안을 확립하는 데 중요한 진전을 이뤘다.

기후금융은 이러한 기후변화를 해결하고 기후정책을 이행하는 데 절대적으로 필요하며 가장 강력한 수단이다. 그 이유는 기후변화에 적응하고 감축목표를 달성하는 데 막대한 비용이 발생하고, 기술혁신을 유도하고 감축사업을 발굴하는 데 인센티브가 필요하기 때문이다.

파리협정이 채택되면서 교토 메커니즘으로 대변되던 탄소금융은 이제 지역의 지속가능 개발에 대한 니즈(needs)를 반영하여 기후금융으로 진화하였다. 더불어 탄소시장은 규제시장 중심에서 자발적 시장의 비중이 증가하는 추세이다. 여기서 기후금융은 감축목표 달성을 위한 정책수단의 하나로 민간 부문의 ESG 금융을 활성화하는 데 가교 역할을 해오고 있다. 물론 기후금융은 감축을 실현하는 데 발생하는 비용을 충분히 보상(full compensation)하여야 하며 추가적인 감축 노력을 유인할 수 있어야 한다. 때문에 기후금융은 감축기술과 재원조달의 현실을 가장 잘 투영하는 정책수단이기도 하다.

한편 유럽연합(EU)에서도 기후변화 대응을 위한 여러 정책들을 시행하고 있다. EU의 Fit for 55는 2030년까지 온실가스 배출을 55% 감축하겠다는 목표를 담은 유럽연합의 종합적인 기후정책 패키지이다. 이 계획은 탄소중립을 달성하기 위한 중간 목표로, 에너지, 산업, 교통, 농업 등 다양한 부문에서의 배출 감축을 목표로 한다. Fit for 55는 재생 가능 에너지 확대, 에너지 효율성 강화, 전기차 보급 등 다양한 정책을 포함하며, 유럽 경제를 탈탄소화하는 것을 목표로 하고 있다. 이를 통해 EU는 2050년 탄소중립 달성을 위한 중요한 단계에 도달하고자 한다.

EU 배출권 거래제(EU ETS)는 세계 최초이자 최대 규모의 탄소 배출권 거래제도로, EU 내에서 온실가스를 배출하는 기업들이 배출권을 거래하도록 하는 시스템이다. EU ETS는 산업, 에너지, 항공 부문을 포함하며, 연간 배출 허용량이 설정되고 이 허용량 내에서 기업들은 배출권을 사고팔 수 있다. 배출 허용량은 매년 줄어들어 기업들이 점진적으로 배출량을 줄이도록 유도하며, 배출권 가격 상승은 친환경 기술 투자를 장려하는 경제적 인센티브로 작용한다. EU ETS는 유럽의 배출 감축목표를 달성하는 데 핵심적인 역할을 하고 있다.

탄소국경조정제도(CBAM)는 EU가 자국의 기후 목표를 보호하고, 탄소누출을 방지하기 위해 도입한 새로운 규제다. 탄소누출은 EU가 엄격한 환경규제를 시행함에 따라, 생산비가 낮은 비EU 국가로 제조업이 이전하여 그 국가에서 더 많은 탄소가 배출되는 현상을 의미한다. 이를 방지하기 위해 CBAM은 EU로 수입되는 제품에 대해 탄소 배출량에 따라 추가적인 관세를 부과하는 제도이다. CBAM은 철강, 시멘트, 알루미늄, 비료 등 고탄소 산업 제품에 적용되며, EU 외부에서 생산된 제품의 탄소 배출량을 계산해 탄소 비용을 부과함으로써 EU 내에서의 공정한 경쟁을 보장하고, 글로벌 탄소 배출 감소를 촉진하는 목표를 가지고 있다.

선진국과 개발도상국 간의 기후변화 협력은 지속가능한 미래를 위해 필수적이다. 선진국은 산업화 과정에서 축적된 경제적 자원과 기술력을 바탕으로 발전을 이루었기에 기후변화에 더 큰 책임이 있으며, 이를 인식해 개발도상국의 기후 적응 및 완화 노력을 지원해야 한다. 기후금융을 통해 개발도상국이 온실가스 배출을 줄이고, 기후변화로 인한 피해에 대응할 수 있도록 돕는 것이 협력의 중요한 부분이다. 또한 기술 이전과 역량 강화 프로그램을 통해 개발도상국이 친환경 에너지 전환을 추진하고, 기후 회복력을 높일 수 있도록 지원해야 한다. 이러한 협력은 파리협정을 통해 제도화되었으며, 선진국은 기후금융을 제공하기로 약속했다. 궁극적으로, 기후변화에 대한 국제적 연대는 전 세계적인 온실가스 감축목표 달성과 기후위기 극복에 중요한 역할을 한다.

이 책에서는 기존의 저서들이 기후금융의 개념을 소개하는 데 그친 것과 달리 구체적인 사례를 통해 기후금융이 지향하는 바를 설명하였다. 특히 지역별 특성을 고려하여 아시아, 남아메리카, 그리고 아프리카 지역을 대표하는 사업의 특성을 분석하고 기후금융 사례가 어떻게 탄소중립에 기여하는지를 진단하였다.

아시아와 남아메리카 지역에서의 'E-Mobility' 확산을 통한 적극적인 저감 프로그램이 활발하게 진행 중이다. 인도와 아르헨티나, 브라질, 콜롬비아, 코스타리카, 도미니카 공화국, 멕시코 페루 등 여러 국가는 GCF의 자금 지원을 통해 전기차 산업의 생태계 조성을 위한 노력을 시작했다. 사업 수행자들(AEs)이 GCF의 자금과 민간 부문에서 모집한 투자금을 활용하여 해당 국가들의 교통 부문 전기화를 위해 프로그램을 진행하고 있다. 전기차 및 충전소 인프라 구축과 더불어 금융 솔루션을 제공하고, 나아가 해당 분야에 투자와 파트너십이 이루어질 수 있는 방향으로 프로그램이 추진되고 있다.

최근 기후금융은 감축사업과 더불어 적응사업에 대한 수요가 증가하고 있고 민관협력(public-private partnership)을 통한 하이브리드 금융으로 변화하고 있다. 가장 대표적인 사례로 아프리카를 들 수 있다. 전 세계 기후금융은 국가 주도의 사업보다는 지역 인프라 확대에 방점을 두고 있다. 물 부족 문제를 해결하고, 식량과 에너지 문제를 동시에 만족시키는 사업추진이 활발하다. 정부 주도의 재생에너지 발전사업의 재정적 한계에 직면한 남아공 정부는 GCF의 자금을 활용하여 민간 재생에너지 발전사업자에 대한 지원을 계획 중이다. 민간 독립전력 생산자에 대한 지원을 통해 재생에너지 사업 생태계를 조성하여, 민간 부문이 지속적으로 재생에너지에 투자할 수 있는 환경을 조성하고자 한다.

기후위기에 대응하기 위한 개발도상국의 노력에 기후금융과 탄소시장은 점점 더 중요한 역할을 맡고 있다. 특히, 탄소시장은 기후금융의 중심에 자리 잡고 있으며, 온실가스를 줄이기 위한 효과적인 수단으로 떠오르고 있다. '내부 탄소 가격 책정(internal carbon pricing)'의 중요성은 탄소시장에서 기업들이 자발적으로 탄소 배출 비용을 고려하게 하여, 온실가스 감축을 가속화하는 데 기여한다.

탄소시장은 온실가스 배출량을 줄이기 위해 국가나 기업들이 탄소 배출권(탄소 크레딧)을 거래하는 시스템이다. 이는 배출권 거래제(ETS) 또는 탄소 상쇄제도를 통해 이루어지며, 탄소 배출권을 사고파는 방식으로 경제적 유인을 제공해 온실가스 감축을 촉진한다. 탄소시장에서는 배출량이 많은 기업이 탄소 감축목표를 달성하기 어려울 때 배출권을 구매하여 목표를 충족시킬 수 있으며, 반대로 배출량을 줄이는 데 성공한 기업은 남은 배출권을 판매해 수익을 얻을 수 있다. 이러한 방식은 경제적 효율성을 통해 탄소 배출을 관리하고, 국가적 또는 국제적 기후 목표 달성에 기여한다.

자발적 탄소시장(Voluntary Carbon Market, VCM)은 정부의 규제나 의무 없이 기업이나 개인이 자발적으로 탄소 배출권을 거래하는 시장이다. 자발적 탄소시장은 기업들이 사회적 책임 또는 지속가능한 목표를 달성하기 위해 활용되며, 배출량을 줄이기 위한 다양한 프로젝트(예: 조림 및 재조림, 재생 가능 에너지 프로젝트)를 통해 생성된 탄소 크레딧을 구매하는 방식으로 이루어진다. 자발적 탄소시장은 특히 비규제 부문에서 탄소 감축을 촉진하는 중요한 역할을 하며, 국제적으로 기후변화 대응을 강화하고 기업의 ESG(Environmental, Social, Governance) 성과를 높이는 데 기여하고 있다. 최근 들어 자발적 탄소시장의 규모는 빠르게 확대되고 있으며, 기업들의 지속가능 경영 전략의 중요한 축으로 자리 잡고 있다.

탄소시장의 규모는 전 세계적으로 급격히 성장하고 있으며, 이는 기후변화 대응과 지속가능성을 위한 필수적인 메커니즘으로 자리 잡고 있음을 보여준다. 2023년 기준, 규제 탄소시장(배출권 거래제, ETS)의 거래 규모는 약 9,488억 달러를 기록하며 전년 대비 2% 이상 성장했다. 특히, EU(ETS), 중국, 미국과 같은 주요 경제권에서의 배출권 거래 활성화가 이 성장을 주도하고 있다. 동시에, VCM도 빠르게 확대되고 있다. 향후 기후 목표 달성의 중요성이 커짐에 따라 탄소시장은 계속해서 두 자릿수 성장률을 기록할 것으로 예상되며, 2030년까지 시장 규모가 수조 달러에 이를 것으로 전망된다. 이는 탄소중립을 목표로 하는 기업들과 정부의 적극적인 참여로 더욱 가속화되고 있다.

탄소시장은 빠르게 성장함에 따라 기후기술의 사업화 역시 확대될 전망이다. 이와 같은 기술 혁신을 통해 탄소시장은 지구온난화 완화에 실질적인 기여를 하고 있다. 또한, COP29에서는 파리협정의 6.2조와 6.4조에 대한 승인 가능성이 높아지면서, 탄소시장 규범이 더욱 구체화될 것으로 예상된다. 앞으로 기후금융과 함께 탄소시장의 중요성은 더욱 커질 것이며, 이를 통해 개발도상국이 기후위기에 효과적으로 대응하는 데 중요한 도구로 작용할 것이다.

파리협정 6.2조는 국가 간 '국제적으로 이전된 감축 결과(ITMO)'를 활용하여 온실가스 감축목표를 달성할 수 있는 메커니즘을 제시하고 있다. 이를 통해 선진국은 개발도상국에서 실행되는 감축 프로젝트에 자금을 지원하고, 그 결과를 자국의 감축목표 달성에 반영할 수 있다. 예를 들어, 스위스가 가나에서 온실가스 감축 프로젝트를 지원한 사례처럼, ITMO를 통해 개발도상국은 재정 지원을 받으며 지속가능한 개발을 촉진할 수 있다. 6.4조는 국제탄소시장을 형성하기 위한 기반으로, 개발도상국이 온실가스 감축 프로젝트를 통해 탄소 크레딧을 생성하고 이를 거래할 수 있는 메커니즘을 제공한다. 이 메커니즘은 개발도상국의 탄소 감축 노력을 지원하고, 선진국들이 글로벌 탄소시장에서 저렴하게 배출권을 확보할 수 있도록 돕는다.

ITMO를 통한 가나와 스위스의 개발 협력은 파리협정 6조에 기반하여 기후변화 대응을 위해 국제적인 협력을 이루어낸 성공적인 사례이다. 스위스는 ITMO 메커니즘을 통해 가나에서 온실가스 감축 프로젝트를 지원하고, 그 결과로 얻은 탄소 감축량을 자국의 NDC 이행에 반영할 수 있다. 이를 통해 가나는 지속가능한 개발 프로젝트로 온실가스를 감축하는 동시에 기후 적응과 경제적 혜택을 얻을 수 있으며, 스위스는 더 효과적으로 온실가스를 감축할 기회를 얻게 된다. 이 협력은 탄소시장을 활용한 국제적 기후 파트너십의 좋은 예다. 캄보디아 e-mobility 사례에서 볼 수 있듯이 대한민국을 비롯한 여러 국가도 이러한 협력을 추진 중에 있다.

기후금융은 선진국과 개발도상국 간의 협력에서 중요한 역할을 한다. 이는 개발도상국이 기후변화에 대응할 수 있도록 재정적 지원을 제공하고, 온실가스 감축 및 기후 적응 프로젝트를 실행할 수 있게 돕는다. 선진국들은 개발도상국에 대한 기후금융 제공을 통해 파리협정의 목표를 달성하는데 중요한 책임을 지고 있다. 선진국은 개발도상국이 기후변화로 인한 피해를 줄이고, 에너지 전환과 같은 지속가능한 경제 발전을 추구할 수 있도록 도울 것을 약속하였다. 기후금융은 공공 및 민간 자금의 동원을 포함하며, 개발도상국이 자체적인 기후 목표를 달성할 수 있는 기반을 마련하는 데 중요한 역할을 한다.

향후 선진국과 개발도상국 간의 협력은 파리협정 6조 메커니즘을 중심으로 더욱 강화될 것이다. 선진국은 기후기술 이전, 기후 적응 프로젝트 지원, 탄소 크레딧 거래를 통해 개발도상국의 기후변화 대응 역량을 증대시킬 수 있다. 동시에 개발도상국은 기후금융을 통해 재생 가능 에너지 인프라를 구축하고, 탄소 배출을 줄이는 한편 경제 성장을 지속할 기회를 얻게 된다. 이러한 협력은 COP29와 같은 국제 회의를 통해 구체화될 예정이며, 선진국과 개발도상국 모두가 글로벌 기후변화 목표를 달성하기 위해 상호 이익을 추구하는 모델로 자리 잡을 것이다.

참고문헌

1. 국회예산정책처(2023). "EU와 미국의 '탄소무역장벽' 주요 내용과 영향".
2. 관계부처 합동(2023). "제3차(2023~2025) 국가 기후위기 적응 강화대책".
3. 권희동(2022). "몽골 매립가스 활용 온실가스 감축 가능성 분석을 통한 ITMO 확보에 관한 연구". 서울과학기술대학교. 박사.
4. 김용환(2021). 『탄소중립: 지구와 화해하는 기술』. 씨아이알.
5. 김종대(2018). 『기후변화와 금융』. 씨아이알.
6. 김해창(2017). 『기후변화와 도시의 대응』. 경성대출판부.
7. 박덕영, 유연철(2020). 『파리협정의 이해』. 박영사.
8. 송홍선(2023). "탄소중립을 위한 기후금융 발전 과제". 자본시장연구원.
9. 세계은행그룹(2021). "기후변화 행동계획".
10. 어광선(2019). "파리협정 제6조 신기후체제하의 국제탄소시장 배출권 잠재성 분석". 중앙대학교. 석사.
11. 옥스팜(2023). "2023 기후금융 실태 보고서".
12. 이승은, 고문현(2019). 『기후변화와 환경의 미래(어떻게 대응하고 적응할 것인가)』. 21세기북스.
13. 이재형(2023). 『기후피해세대를 넘어 기후기회세대로: 인류의 미래를 위한 도전』. 퍼블리온.
14. 장영욱, 오태현(2021). "EU 탄소감축 입법안('Fit for 55')의 주요 내용과 시사점". 대외경제정책연구원.
15. 조부임(2022). "국가결정기여(NDCs) 달성을 위한 국가 간 협력을 위한 합의 방식 및 주요 내용". 통상법률 2.
16. 주뭄바이 총영사관(2022). "뭄바이 기후행동계획 분석 보고서".
17. 한국기후변화연구원(2021). "COP26 결과공유와 대응전략 세미나". 2021년 11월 19일.
18. 한형민, 김정곤, 김도연 백종훈, 김소은(2022). "인도의 신·재생에너지 시장 및 정책 분석과 한-인도 협력 방안". 대외경제정책연구원.
19. 환경부(2024). "기후변화영향평가 방법 등에 관한 안내서".
20. 황현정(2018)."해외 주요기관의 기후금융 추진 현황 및 시사점". 산은조사월보 2018. 4 제749호.

21. Climate Action 100+(2021). "기후행동 100+ 탄소중립 기업 벤치마크: 공개 지표-방법론."
22. Science-Based Target Inititive(2021). "SBTi 기준 및 권고안."
23. WWF(2020). "글로벌 기후위기 대응: 재생에너지 확대를 중심으로."
24. African Development Bank(2021). "West African Countries' ITMO Readiness Scoping Assessment."
25. Bill Gates(2021). "How To Avoid A Climate Disaster: The Solutions We Have and the Breakthroughs We Need, Knopf Doubleday Publishing Group."
26. Bank for International Settlements(2020). "The Green Swan: Central Banking and Financial Stability in the Age of Climate Change."
27. BlackRock(2024). "2024 Private Markets Outlook: Opportunities in mega forces."
28. Carbon Market Watch(2020). "Carbon Markets 101: The Ultimate Guide to Global Offsetting Mechanisms."
29. Climate Focus(2016). "Double Counting in the Paris Agreement."
30. Global Green Growth Institute(2021). "Designing Governance Structures and Transactional Documentation for Mitigation Outcome Transactions under Article 6 of the Paris Agreement."
31. Global Green Growth Institute(2022). "Developing Carbon Markets based on Article 6 of the Paris Agreement: Challenges and Opportunities."
32. Green Climate Fund(2019). "FP106: Embedded Generation Investment Programme."
33. Green Climate Fund(2022). "FP186: India E-Mobility Financing Program."
34. Green Climate Fund(2022). "FP196: Supproting Innovative Mechanisms for Industrial Energy Efficiency Financing in Indonesia with Lessons for Replication in other ASEAN Member States."
35. Green Climat Fund(2024). "FP237: E-Mobility and Low Carbon Transportation."
36. Intergovernmental Panel on Climate Change(2018). "Special Report on Global Warming of 1.5℃."
37. International Moneytary Fund(2023). "South-Africa Carbon Pricing and Climate Mitigation Policy."

38. Organization for Economic Coperation and Development(2022). "Aggregate Trends of Climate Finance Provided and Mobilised by Developed Countries in 2013-2020."

39. Oh, Chaewoon., Song, Yewon., Kim, Raehyun., Choi, Kyouhyun., Choi, Kwanglim(2022). "Application of Environmental Integrity to the Institutional Design of Korea's Global Carbon Market Mechanism under Article 6.2 of the Paris Agreement." Journal of Climate Change Research 13(6): 755-780.

40. Oh, Chaewoon., Park, Soonchul., Moon, Sungsam., Song, Yewon(2022). "Interpretation of Corresponding Adjustment Rules of Article 6 of the Paris Agreement and Implications for Korea's NDC Implementation Policy." Journal of Climate Change Research 13(2): 243-261.

41. Oh, Jin-Gyu(2018). "Analysis of Negotiation on the Paris Agreement and the Follow-up Process and its Implications." Journal of Climate Change Research 9(4): 343-355.

42. Park, Deok-Young(2020). "A Study on Key Contents of the Paris Agreement and Korean Response to Implement Korean NDC and Future Climate Change Negotiations." Korea International Law Review(57): 29-49.

43. Park, Sunjoo., Oh, Chaewoon., Park, Soonchul(2019). "Research on the Analysis of and Korea's Negotiating Position on Project Baseline Methodology of Sustainable Development Mechanisms under Article 6.4 of the Paris Agreement." Journal of Climate Change Research 10(4): 381-400.

44. Park, Sunjoo, Oh, Chaewoon, Shin, Kyungnam(2020). "Research on Korea's Negotiating Position on Types of Mitigation based on Carbon Capture, Utilization, and Storage Technology under Article 6 of the Paris Agreement." Journal of Climate Change Research 11(5-2): 563-581.

45. Park, Soonchul, Oh, Chaewoon(2020). "Research on the Corresponding Adjustment Method of Article 6 of the Paris Agreement: Focusing on the Relationship between ITMO and Emissions Trading Scheme." Journal of Climate Change Research 11(3): 163-176.

46. Senate Democrats(2022). "Summary of the Energy Security and Climate Change Investments in the Inflation Reduction Act of 2022."

47. The Government of the Republic of Korea(2023). "The Enhanced 3rd National Climate Crisis Adaptation Plan."
48. The Oxford Institute for Energy Programme(2022). "Article 6 and Voluntary Carbon Markets."
49. United Nations Development Programme(2022). "The Ghana-Switzerland Case Study: Advancing the Paris Agreement Through Cooperative Approaches."
50. United Nations Framework Convention on Climate Change(2016). "The Paris Agreement."
51. World Bank Group(2018). "Carbon Markets Under the Kyoto Protocol: Lessons Learned for Building an International Carbon Market Under the Paris Agreement."
52. World Bank Group(2020). "Contry Processes and Institutional Arrangements for Article 6 Transactions."
53. World Bank Group(2020). "Ensuring Environmental Integrity under Article 6 Mechanisms."
54. World Bank Group(2020). "Summary Report: Lessons Learned from Pilot Assessment of Countries' International Transfer Readiness under Article 6.2 of the Paris Agreement."
55. World Bank Group(2021). "Country Policy Framework for Cooperative Approaches under Article 6.2."
56. World Bank Group(2023). "2023 State and Trends of Carbon Pricing: International Carbon Markets."
57. World Bank Group(2023). "Corresponding Adjustment and Pricing of Mitigation Outcomes."
58. World Bank Group(2023). "High Integrity, High Impact: The World Bank Engagement Roadmap for Carbon Markets."

인터넷 링크

1. "국가 기후위기 적응정보포털." https://kaccc.kei.re.kr/portal/index.do
2. "금융권 꽁꽁 숨겼던 '간접배출량'… HSBC가 포문 연다." https://www.newstree.kr/newsView/ntr202402140006
3. 기상청장 "한국 연평균기온 10년에 0.2도씩 상승…세계 평균의 3배". 연합뉴스. 2023. 4. 11. https://www.yna.co.kr/view/AKR20230411080100530
4. "기후변화 재원, 2020년부터 연 1,000억 달러 되도록 조성." https://korea.kr/briefing/actuallyView.do?newsId=148753727
5. "기후위기 대응을 위한 탄소중립·녹색성장 기본법." https://www.fnnews.com/news/202304112059392042
6. "대한민국 정책브리핑 '온실가스 감축'." https://www.korea.kr/special/policyCurationView.do?newsId=148867400
7. "무보·영국 수출금융청 '맞손'… 프로젝트 수주 지원망 확대." https://www.newstomato.com/ReadNews.aspx?no=1209629&inflow=N
8. "베리워즈, 캄보디아 활동 '시동' 한캄 국제감축실적 사업 출범식 개최." 뉴스브리핑 캄보디아. 2024. 6. http://www.nbcambodia.com/archives/71133
9. "블랙록, 태양광과 스토리지 프로젝트 38개 통째로 인수." https://www.impacton.net/news/articleView.html?idxno=11097
10. "블랙록, ESG 포기를 선언하다." https://www.esgonl.kr/article/pmDetail?idx=14
11. "세계은행, 기후대응 민간자금 유치 위한 금융모델 개발." https://www.esgeconomy.com/news/articleView.html?idxno=5333
12. "세계 1위 자산운용사 블랙록, 반ESG 공세에도 '더 엄격한' 기후투자 정책 공개. https://greenium.kr/news/53054
13. "유럽 주요 은행들 녹색금융 계획에 '그린워싱' 의혹제기." https://www.esgeconomy.com/news/articleView.html?idxno=6526
14. "외교부 기후변화협상 유엔기후변화협약(UNFCCC) 채택." https://www.mofa.go.kr/www/wpge/m_20150/contents.do
15. "한반도 기후위기, 탄소중립 없이는 벗어날 수 없다!" https://www.kma.go.kr/kma/news

16. "ESG공시 의무화 앞두고 주목 받는 기후변화 시나리오 분석." https://www.esgeconomy.com/news/articleView.html?idxno=5112
17. "2022년 인도 온실가스 감축사업 지원 웨비나 개최." https://dream.kotra.or.kr/kotranews/cms/news/actionKotraBoardDetail.do?SITE_NO=3&MENU_ID=110&CONTENTS_NO=1&bbsGbn=245&bbsSn=245&pNttSn=194726
18. "Carbon Border Adjustment Mechanism." https://taxation-customs.ec.europa.eu/carbon-border-adjustment-mechanism_en
19. "Copernicus: October 2023-Exceptional temperature anomalies; 2023 virtually certain to be warmest year on record." https://climate.copernicus.eu/copernicus-october-2023-exceptional-temperature-anomalies-2023-virtually-certain-be-warmest-year
20. "COP28 talks open in Dubai with breakthrough deal on loss and damage fund." https://news.un.org/en/story/2023/11/1144162
21. "HSBC Financing net zero." https://www.hsbc.com/who-we-are/our-climate-strategy/financing-net-zero
22. "IPCC 보고서: 기후변화에 대한 10가지 사실들." https://www.greenpeace.org/korea/update/5888/blog-ce-ipcc-report-10facts-about-climate-change
23. "India Green Credit Program webpage." https://www.moefcc-gcpregistry.in
24. "IPCC webpage." https://www.ipcc.ch
25. "KfW Annual Review 2023: Encouraging consolidated earning strengthen KfW for future tasks." https://www.kfw.de/About-KfW/Newsroom/Latest-News/Pressemitteilungen-Details_800448.html
26. "KfW webpage." https://www.kfw.de/kfw.de.html
27. "KfW promotional business volume in the first halk year of 2024." https://www.kfw.de/About-KfW/Newsroom/Latest-News/Pressemitteilungen-Details_818048.html
28. "UK backs £680m loan quarantee for new high-speed electric railway in Turkey." https://www.gov.uk/government/news/uk-announces-680m-for-new-high-speed-electric-railway-in-turkey

29. "UNDP webpage." https://www.undp.org
30. "UNFCCC Paris Agreement webpage." https://unfccc.int/process-and-meetings/the-paris-agreement
31. "World Bank focuses on securitisation to scale up climate financing." https://economictimes.indiatimes.com/news/international/world-news/world-bank-focuses-on-securitisation-to-scale-up-climate-financing/articleshow/105708454.cms?from=mdr

개도국 기후위기와 기후금융

초판1쇄 인쇄 2024년 12월 10일
초판1쇄 발행 2024년 12월 20일

지은이 곽재성, 김효선, 조정현, 지예정
펴낸이 김진상
책임편집 최정미
디자인 (주)명진씨앤피

펴낸곳 경희대학교 출판문화원
주소 서울시 동대문구 경희대로 26
전화 02-961-0106~8
팩스 02-961-0291
설립 1960년 9월 16일 제5-8호
등록 1977년 11월 8일 제6-5호
홈페이지 www.khupress.com
전자우편 press@khu.ac.kr

ISBN 978-89-8222-782-0 (93320)